KB044822

가족관계법에 따른
작명·개명

내 아이의 행복을 위한 이름짓기

정용빈 편저
양 실 감수

 법문북스

머리말

　　동양의 역리철학(易理哲學)이 다 그렇지만 성명학(姓名學)도 음
양오행론(陰陽五行論)을 수용하여 각자의 타고난 선천적(先天的)
운명을 보강, 발전하고 후천적(後天的) 운로(運路)를 조성, 개척하
는 역리철학의 일원으로써 아득한 옛날부터 다른 역리학과 더불어
연구 적립되어 오늘에 이르고 있다.

　　특히 물질문명이 고도로 발달한 현실사회(現實社會)에서 문화 수
준이 높은 지식층일수록 성명에 대한 관심이 깊으며 한층 현대 문
명인의 호기심을 끌고 널리 보급되고 있으니 이는 고금을 통하여
그 누구도 부인할 수 없는 신비의 철학이라 하겠다.

　　그래서 사람은 누구나 태어나면서부터 이름을 갖게 되는데 부모
들은 좋은 이름을 지어주면서 그 아기에게 거는 기대와 그 기대를
달성하게끔 기원하는 부모의 철학이 이름 두 글자 속에 담겨지기도

한다.

 이에 필자는 성명 철리(哲理)의 여러 문헌을 토대로 하여 누구나 좋은 이름을 지을 수 있도록 알기 쉽게 편술하였으니 각자의 성명도 감정하고 자녀들의 선명(選名)에도 널리 활용하여 앞날의 광명과 행복을 유도(誘導)하는 데 일조가 되기를 바라는 마음 간절하다.

편저자 씀

차례

성명(姓名)과 운명(運命)

　　옛 경전에서는 「명불이체(名不離體)」라 하여 몸과 이름은 불가분리의 공동운명체(共同運命體)임을 역설하고 있다. 그래서 사람은 태어나면서부터 이름이 지어지고 그 이름은 자기 본신(本身)을 대표하게 된다. 자기 본신을 대표하는 이름 가운데는 신비스럽게도 현묘(玄妙)한 이법(理法)을 내포하고 이를 무형 중 발현하여 자기 본신에 대한 성품(性品)이 형성되고 그 형성된 성품은 인생의 앞날에 전개되는 길흉화복(吉凶禍福)을 유도하는 후천운(後天運)이 조성된다고 한다.

　　사람이 일생을 살아가는 데 있어 선천적(先天的)으로 타고난 선천운(先天運)과 후천적(後天的)으로 조성되는 후천운(後天運)이 있는데 선천적으로 타고난 사주팔자(四柱八字)는 바꿀 수는 없어도 후천적으로 조성되는 운명은 얼마든지 인위적으로 전환, 개척하여 행운을 유도할 수 있다.

　　그래서 사람들은 누구나 좋은 이름을 가지고자 하며 또한 좋은 이름 석 자를 길이 남기고자 한다.

그런데 우리의 주변에서는 동성동명(同姓同名)인 사람도 흔히 볼 수 있다. 동성동명이면 그 사람들의 운명도 다 같이 동일할 것이 아닌가 하고 의문도 가질 수 있으나 이는 각자의 타고난 선천적 운명이 다르고 또한 각기 환경과 역량, 제반 여건 등이 서로 상의하기 때문에 반드시 동일한 운로를 걷는다고는 볼 수 없다. 다만 좋은 이름을 가지면 제반사가 순조롭고 일생을 행운으로 유도하여 편안하게 행복을 누릴 수 있으나 만일 그렇지 못할 경우에는 만사가 뜻과 같이 이뤄지지 못하여 중도에서 좌절하고 흉운(凶運)으로 유도되어 불행에 이르게 된다.

그래서 좋은 이름의 선정은 후천적 운로(運路)를 영화롭게 조성하고 전환, 개척하여 행복을 유도하기 위한 유일한 방법의 하나이기도 하다.

성명(姓名)의 의의(意義)

　성명을 구성하는 문자(文字)의 의의(意義)는 심리학적 측면에서 지대한 영향을 주고 있다. 즉 이름이 지니고 있는 문자의 의의와 그 암시력(暗示力)은 심리(心理)에 반응(反應)되어 그 사람의 성품을 형성하고 형성된 그 성품은 본신(本身)의 후천적 운로(運路)를 조성하게 된다.

　예부터 우리의 부모들은 귀여운 자녀에게 좋은 이름을 지어 주면서 당신들이 그 아기에게 거는 기대와 그 기대를 달성하게끔 기원하는 부모의 철학이 이름 두 글자 속에 담겨지기도 한다.

　본시 이름이 지니는 뜻도 다양하여 의술이 미개했던 옛날에는 장수(長壽)를 기원하는 뜻에서 「영수(永壽)」 또는 「수영(壽永)」이라는 이름이 지어지기도 하고, 복(福) 받는 아이가 되라 해서 「복동(福童)」, 좋은 운을 타고나라 하여 「길동(吉童)」 등 부모들이 기원하는 이름의 뜻도 다양하다.

1. 이름자의 선택(選擇)

이름을 지을 때 이름자에는 좋은 뜻이 담겨져 있어야 하지만 먼저 성과 이름은 자연스럽게 조화를 이루어야 좋은 이름이 된다. 그리고 간명하고 투철한 의의를 표현하면서 기품(氣品)이 있고 듣기에 명랑하고 친근감을 주는 알기 쉬운 상용한자(常用漢字) 중에서 고르는데 읽기가 쉽고 부르기, 듣기, 쓰기, 외우기가 모두 좋아야 하며 특히 다음과 같은 사항에 대해서는 유의를 하고 피하는 것이 좋다.

· 글자의 획수가 번거롭고 잘 통용(通用)되지 않는 어려운 문자.
· 글자의 뜻이 불합리하거나 불길함을 연상케 하여 꺼리는 문자.
· 부르기가 거북하고 듣는 이에게 불쾌감을 주는 문자.
· 성과 이름자가 동일하거나 같은 음으로 발성되는 문자.
· 남녀의 구별이 불분명한 문자.
· 신(神), 불(佛) 등 신앙의 대상이 되는 문자.
· 병약(病弱), 사멸(死滅), 비천성(卑賤性) 등을 내포하거나 혐오감을 주는 문자.
· 짐승(獸), 물고기(魚), 벌레(蟲), 기구(器具), 물건 등의 명칭이 되는 문자 등등은 꼭 피하는 것이 좋다.

2. 이름자의 형체(形體)

이름자에는 강(强) · 약(弱) · 허(虛) · 실(實)의 네 가지 형체가 있는데 이는 신체의 건강 여부와 행동, 태도, 품성 등을 각각 암시하고 있다. 그래서 글자의 모양도 균형을 이루고 조화있게 순응하는 형체를 고르는 것이 좋다. 글자의 모양이 균형을 잃게 되면 심리상으로 불안정하고 현실 상황에서 평형을 상실하여 성질이 조급하고 신경질적이며 대인관계에서 화합을 못 이루고 배척을 당하여 자기의 이상(理想)을 펴보지도 못하고 실패, 좌절하는 암시가 있다.

(1) 강(強)한 형체의 문자

태(泰), 용(勇), 미(美), 홍(弘), 광(光), 성(成), 극(克), 비(飛), 의(義), 위(威), 용(龍), 호(豪), 염(炎) 등등의 문자는 글 획과 형체에 활동력을 포함하고 있어서 글자 자체(字體)가 굳세고 활발하다. 이와 같은 문자의 이름은 성질이 강직하고 과단성이 있으며 행동에 활발성을 지니고 있다고 암시를 한다.

(2) 약(弱)한 형체의 문자

화(華), 근(斤), 양(羊), 백(帛), 평(平), 두(斗), 연(年), 시(市), 행(幸), 과(科) 등등의 문자는 글씨를 쓰는 데 글 획이 연약하고 모양이 너무 부드러워서 힘이 없어 보인다. 때문에 이와 같은 문자의 이름은 성질이 너그럽고 바르기는 하나 생각이 엷으며, 또한 몸도 홀쭉하여 어딘가 신체에 허약성을 나타내는 암시가 있다.

(3) 허(虛)한 형체의 문자

지(芝), 세(細), 점(占), 문(門), 행(行), 방(方), 궁(弓), 입(入) 등등의 문자는 내용이 공허하고 행사력이 없는 자체(字體)라 이와 같은 이름자는 담력이 없고 매사에 우유부단하며 소극적이다. 대중과 대적을 못하는 허약성을 내포하는 암시를 한다.

(4) 실(實)한 형체의 문자

익(益), 입(立), 옥(玉), 창(昌), 황(皇), 국(國), 봉(鳳), 수(樹), 기(基), 형(衡) 등등의 문자는 자체(字體)에 빈틈이 없는 진실된 문자다. 이와 같은 이름자는 의지가 굳건하고 충만되어 만난을 타파하는 저력을 지니고 건실한 지구성(持久性)을 견지하는 암시가 있다.

3. 특수한 관념적(觀念的)인 문자

이름자의 선택은 대체로 앞에서 열거한 문자의 의의와 형체 등에 부합이 되고 조화를 이루면 길상(吉相)이다.

그러나 관념상 특별히 다음에 열거되는 문자는 가급적 이름에는 쓰지 않는 것이 좋다.

(1) 오행(五行) 및 간지(干支)의 문자

오행(五行)의 문자, 즉 금(金), 목(木), 수(水), 화(火), 토(土)와 천간(天干)의 문자. 갑(甲), 을(乙), 병(丙), 정(丁), 무(戊), 기(己), 경(庚), 신(辛), 임(壬), 계(癸)와 12지지(地支)의 문자, 곧 자(子), 축(丑), 인(寅), 묘(卯), 진(辰), 사(巳), 오(午), 미(未), 신(申), 유(酉), 술(戌), 해(亥) 등등의 문자이다.

특히 위의 문자 중에서 화(火), 금(金), 수(水)와 인(寅), 진(辰)

[호(虎), 용(龍)도 같음] 등의 문자는 왕성한 힘을 내포하고 있으므로 성명의 수리(數理)에서 또한 강왕함을 암시하고 있으면 도리어 반전되어 반대의 작용도 할 수 있으니 유의하고 가급적 쓰지 않는 것이 좋다.

● 갑(甲)과 경(庚)은 이름자로서는 어둡고 맑지를 못하여 심리에 암탁성(暗濁性)을 작용한다. 그러나 성명의 수리에서 강력, 과감, 실행 등의 암시가 있으면 이름자로 취용을 해도 무방하다.

● 기(己)의 이름자는 남자에게는 음험(陰險)한 기질이 조성되면서 여성적인 성향으로 흐를 암시가 있고, 여자에게는 반대로 남성적인 기질이 조성되면서 야만적인 성향으로 흐를 암시가 있다.

(2) 사유(四維) 및 팔덕(八德)의 문자

사유(四維)의 문자, 즉 예(禮), 의(義), 염(廉), 치(恥)와 팔덕(八德)의 문자. 충(忠), 효(孝), 인(仁), 애(愛), 신(信), 의(義), 화(和), 평(平) 등의 문자는 명랑하고 좋은 느낌을 주기는 하나 양성적(陽性的)인 심리 작용을 하여 수리나 음양(陰陽)의 배합이 지나치게 강왕하면 이름자로는 쓰지 않는 것이 좋다.

(3) 장(長: 맏이) 자녀(子女) 외에는 잘 쓰이지 않는 문자

천(天), 건(乾), 일(日), 동(東), 춘(春), 상(上), 대(大), 인(仁), 갑(甲), 자(子), 장(長), 신(新), 기(起) 등등의 문자는 장자(長子)나 장녀(長女) 외에는 잘 쓰지 않는다. 이는 글자의 성질이나 의미가 머리로 가는 문자이기 때문에 차자(次子)들이 쓰게 되면 장본인이 상위자의 권리를 침범하게 되어 순리를 위반하고 그 반응 작용으로 형제, 자매가 다투는 반목, 불화, 이별 등의 암시를 내포한다.

(4) 여자(女子)의 이름자

여자의 이름자는 앞에서 열거한 문자 이외에 정(貞), 춘(春), 추(秋), 국(菊), 매(梅), 난(蘭) 등의 문자는 대체로 여자에게는 불리함을 암시하니 쓰지 않는 것이 좋다.

「정(貞)」의 경우 수시로 정조, 정결 등을 연상케 하여 남편을 대하는 데도 지나치게 신중하고 결백성(潔白性)을 표출(表出: 겉으로 나타냄)하여 남자의 운기를 반사적으로 파기(破氣)하고 종국에는 이별을 하거나 품행이 도리어 부정하기도 하며 또한 간혹 남편의 수명을 줄이기도 하는 암시도 있다.

「춘(春)」자는 항시 청춘을 연상케 하고, 「미(美)」는 미적 정서가 발달하여 환상을 생출케 하며, 정감(情感)이 남보다 조숙(早熟)하여 과실을 유발하면서 불행에 빠져든다는 암시가 있다.

(5) 천지(天地) 순리(順理)의 문자

성명의 성(姓)의 가계(家系)와 혈통(血統)을 표현하여 하늘(天)에 비유하고, 이름(名)은 본신(本身)을 대표하여 땅(地)에 비유한다. 이러한 천지의 원리에 입각하여 지수(地數: 이름 상위의 한 자리 수)가 천수(天數: 성의 전 획수)보다 많으면 천지(天地)가 반복(反覆)되어 좋지 못하다. 또한 「천수」와 「지수」가 같아도 천지가 상충(相衝)되어 불길하니 이름자를 고를 때는 성(姓)의 자획수보다 이름자의 자획수가 적은 것을 고르는 것이 이상적이다. 다만 자획수 산정에 있어서 10수 이상은 10수를 제한 잔여수로 산정을 하고 10수는

0(零)으로 간주한다. 예를 들면 「장(張)」 11획은 10을 제외한 1수만 산정하고, 「학(學)」 16획은 10수를 제외한 6수로 산정하며, 「임(林)」 8획은 10수 미만이라 8수 그대로 산정하면 된다.

장 학 림 張 學 林 11 16 8 천수(1) 지수(6)	장(張) 천수는 (1)이고, 학(學) 지수는 (6)이다. 이는 천수보다 지수가 많아서 천지가 반복되어 좋지 못하다.

을지 형 철 乙支 亨 喆 1 4 7 12 천수(5) 지수(7)	을지(乙支) 두 자 성은 한데 합해서 산정을 하니 천수(5)가 되고, 지수는 (7)이다. 이 역시 천지가 반복되어 좋지 못하다.

김 지 석 金 知 晳 8 8 12 천수(8) 지수(8)	천지가 동수 8이다. 이는 천자 동수 상충(相沖)이 되어 또한 좋지 못하다.

남궁 보 영 南宮 保 榮 9 10 9 14	천지가 동수 9다. 이도 천지 동수 상충(相沖)이 되어 좋지 못하다.
천수(9) 지수(9)	

김 대 용 金 大 容 8 3 10	천수 (8)은 지수(3)보다 많아서 이상적이다.
천수(8) 지수(3)	

황보 인 철 皇甫 仁 哲 9 7 4 10	지수(4)는 천수(6)보다 작아서 이상적이다.
천수(6) 지수(4)	

자획(字劃)의 산정(算定)

점(点)과 선(線)으로 구성된 문자는 문자 발음 표시 이외에 심오한 뜻과 함께 신령스러운 수리(數理)를 함축하여 문자의 영혼(靈魂)을 형성하고 있다. 특히 현묘한 영동력(靈動力)을 발휘하는 이름 글자의 뜻도 중요하지만 수리(數理)가 함축된 글자의 획수 또한 대단한 영동력을 발휘한다.

그래서 문자의 획수 산정(算定)은 반드시 자전(字典)이나 표준 옥편에 있는 해서체(楷書體), 정자(正字)를 근거로 하여 정확히 획수를 계산해야 한다.

비록 한 획, 한 점이라도 소홀히 하여 착오가 생기게 되면 운명상 큰 차이를 초래할 수도 있으니 잘 살펴서 정확을 기해야 한다.

현재 통용되고 있는 한자에는 정자(正字)와 속자(俗字), 약자(略字), 위자(僞字) 등이 있으나 이름자만은 꼭 정자(正字)를 쓰고, 또 정자의 획수로 산정하는 것이 문자의 신비스러운 뜻에도 부합이 된다.

그런데 획수를 보는 법은 자전에 있는 획수를 그대로 보지만 역리(易理)로 보는 법과 역상(易象)으로 보는 두 가지 방법이 있다. 역상으로 보는 법은 글자 모양이 생긴 그대로 계산해서 보지만 역리법은 자원(字源)에 있는 획수를 산정하여 다음과 같이 계산한다.

1. 역리법(易理法)의 획수 산정

「氵」변은 수(水)로 계산하여 4획으로 본다. 가령 「청(淸)」의 경우 자획수는 비록 11획이나 「氵」를 4수(水)로 산정하여 12획으로 계산한다.

「忄」변은 심(心)으로 계산하여 4획으로 보고, 「정(情)」의 자획수는 12획으로 산정한다.

「扌」변은 수(手)로 계산하여 4획으로 보고, 「채(採)」의 자획수는 12획으로 계산한다.

「王」변은 옥(玉)으로 계산하여 5획으로 보고, 「민(珉)」의 자획수는 10획으로 산정한다.

「阝」좌(左)변은 부(阜)자로 보고 8획으로 계산한다. 「우(隅)」의 경우 자획수는 비록 12획이나 「阝」3획을 「阜」8획으로 계산하여 17획으로 산정한다.

「阝」우(右)변은 「읍(邑)」으로 계산하여 7획으로 보고, 「도(都)」의 자획수는 12획이나 「阝」3획을 「邑」7획으로 산정하여 16획으로 계산한다.

「衤」변은 「의(衣)」로 산정하여 6획으로 계산한다.

「衤」변은 「시(示)」로 산정하여 5획으로 계산한다.

「艹」변은 「초(艸)」로 산정하여 6획으로 보고 「영(英)」의 자획수는 11획으로 산정한다.

「辶」은 「착(辵)」으로 산정하여 7획으로 산정한다.

「月」변은 「육(肉)」으로 보고 6획으로 산정하여 「비(肥)」의 자획은 10획이 된다. 「월(月)」변과 「육(肉)」변에 착오가 없도록 자전을 참조하라.

이상 설명한 이외에도 자전(字典) 부수색인표(部首索引表)에서 자상하게 예시하고 있으니 반드시 자전(字典: 옥편)을 참조하여 획수 산정에 착오가 없도록 정확을 기해야 한다.

2. 역상법(易像法)의 획수 산정

역상법은 글자 모양의 생긴 획수 그대로 산정을 하는데 다음과 같다.

「氵, 忄, 扌, 阝」변 등은 글자 모양 그대로 산정하여 3획으로 보고, 「王, 艹, 辶, 灬, 月」변 등은 4획으로 계산하며, 「四, 衣」변은 5획으로 보고 있다.

이상과 같이 역리법(易理法)과 역상법(易像法)이 각기 달리 자획을 산정하고 있으나 여기서는 어느 것이 옳고 그름을 떠나서 문자(文字)의 법전(法典)인 자전(字典)에 준하여 역리법의 자획 산정수를 적용한다.

3. 수의(數意)에 의한 획수 산정

일(一)에서 십(十)까지의 수의문자(數意文字: 수의 뜻이 담겨진 문자)는 획수에 관계 없이 수(數)의 뜻대로 산정한다. 가령, 「사(四)」의 경우 자획은 비록 5획이지만 「넷」이란 수의 뜻을 지니고 있으므로 4획으로 산정하고, 「오(五)」의 획수는 4획이나 「五」라는 수의 뜻을 지니고 있기 때문에 5획으로 계산을 한다. 여타 수의 문자도 모두 이와 같이 수의(數意)에 따라 자획을 산정하면 된다.

4. 한글의 획수 산정

한글은 우리 고유의 우수한 문자이다. 그래서 한글도 한문과 같이 해자체(楷字體) 정자(正字)로 획수를 산정하면 된다. 예를 들면 「각」은 4획이고, 「라」는 5획이며 「장」은 5획, 「활」은 10획이 된다. 이상과 같이 정확하게 산정을 하고 감정하면 된다.

5. 획수 산정의 예

필획(筆劃)	의획(義劃)	획수(劃數)	예(例)	산정획수
氵	水	4	淸	11
艹	艸	6	蘇	20
忄	心	4	恒	9
扌	犬	4	猛	11
月	肉	6	育	8
辶	辵	7	運	13
王	玉	5	珉	9
扌	手	4	振	10
礻	示	5	祥	11
衤	衣	6	裕	12
阝(右)	邑	7	都	12
阝(左)	阜	8	隅	12

성명의 성격(成格)과 분류(分類)

성명의 문자에는 신령스러운 영의(靈意)와 현묘한 수리(數理)를 함유하여 이를 길흉 판단의 근간(根幹)으로 삼고 있다. 그래서 먼저 성명의 획수를 산정하고 이를 오격(五格)으로 분류하여 그의 암시(暗示)하는 작용력(作用力)을 살피게 되는데 우선 성명을 천격(天格), 인격(人格), 지격(地格)으로 나눈 다음 외격(外格)과 총격(總格)을 정하여 아래와 같이 오격(五格)으로 분류를 한다.

여기서 먼저 독자 제위의 이해와 의심을 덜기 위하여 참고로 첨언하면 성격(成格)의 분류 구성이나 자획의 산정에서 각 학파간에 조금씩 달리하고 있다. 자획 산정에 대해서는 앞에서 설명하였으나 성격(成格)의 분류에서도 천(天), 인(人), 지(地), 외(外), 총(總)의 오격(五格)으로 분류하기도 하고, 또 원(元), 형(亨), 이(利), 정(貞)의 사격(四格)으로 분류하기도 하며 그리고 한 자로 된 성(姓)과 한 자로 된 이름에는 가성수(假成數) 「1」을 더(+)하여 성격(成格)을 하기도 한다. 그러나 표현만 다를 뿐이지 각 격의 구성이나 수리의 영동력(靈動力) 등 작명의 근본 원리에는 차이가 없다.

1. 오격(五格)의 분류 방법

(1) 한자(一字) 성과 두자(二字) 이름의 경우

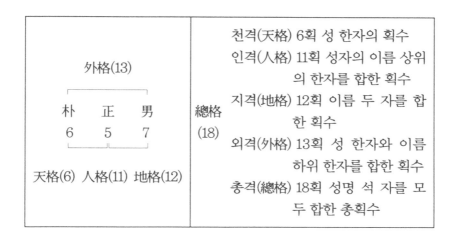

外格(13) 朴　正　男 6　5　7 天格(6) 人格(11) 地格(12)	천격(天格) 6획 성 한자의 획수 인격(人格) 11획 성자의 이름 상위 　　의 한자를 합한 획수 總格 지격(地格) 12획 이름 두 자를 합 (18)　한 획수 외격(外格) 13획 성 한자와 이름 　　하위 한자를 합한 획수 총격(總格) 18획 성명 석 자를 모 　　두 합한 총획수

(2) 한자(一字) 성과 한자(一字) 이름의 경우

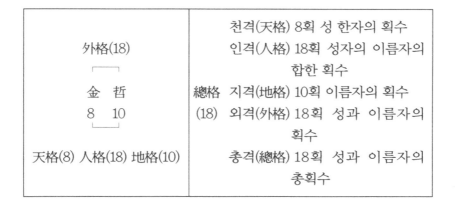

外格(18) 金　哲 8　10 天格(8) 人格(18) 地格(10)	천격(天格) 8획 성 한자의 획수 인격(人格) 18획 성자의 이름자의 　　합한 획수 總格 지격(地格) 10획 이름자의 획수 (18)　외격(外格) 18획 성과 이름자의 　　획수 총격(總格) 18획 성과 이름자의 　　총획수

(3) 두자(二字) 성과 한자(一字) 이름의 경우

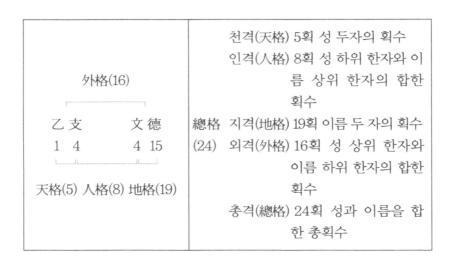

外格(17) 南 宮　　律 9　10　　 8 天格(19) 人格(18) 地格(8)	천격(天格) 19획 성 두 자의 획수 인격(人格) 18획 성 하위 한자와 이름자를 합한 획수 總格 지격(地格) 8획 이름자의 획수 (27) 외격(外格) 17획 성 상위 한자와 이름자를 합한 획수 총격(總格) 27획 성과 이름을 합한 총획수

(4) 두자(二字) 성과 두자(二字)이름의 경우

外格(16) 乙 支　　文 德 1　4　　 4 15 天格(5) 人格(8) 地格(19)	천격(天格) 5획 성 두자의 획수 인격(人格) 8획 성 하위 한자와 이름 상위 한자의 합한 획수 總格 지격(地格) 19획 이름 두 자의 획수 (24) 외격(外格) 16획 성 상위 한자와 이름 하위 한자의 합한 획수 총격(總格) 24획 성과 이름을 합한 총획수

(5) 한자(一字) 성과 석자(三字) 이름의 경우

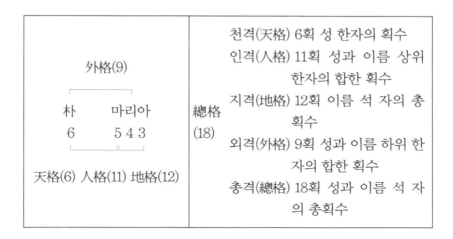

外格(9) 朴　　마리아 6　　5 4 3 天格(6) 人格(11) 地格(12)	천격(天格) 6획 성 한자의 획수 인격(人格) 11획 성과 이름 상위 한자의 합한 획수 지격(地格) 12획 이름 석 자의 총 획수 외격(外格) 9획 성과 이름 하위 한 자의 합한 획수 총격(總格) 18획 성과 이름 석 자의 총획수
	總格 (18)

2. 오격(五格)의 대의(大意)

(1) 천격(天格)

천격은 혈통과 가문을 표시하는 조상 전래의 성(姓)자(字)로서 전통적인 일문의 상징이라 운명의 토대가 된다. 그래서 이를 인체의 두부(頭部)에 비유하여 「선천태원(先天胎元)」이라 이르기도 한다. 그러나 그 수리(數理)는 운명에 직접적인 영향은 주지 않고 다만 격국(格局)의 구성에만 적용되며 인격 부위와 연결되어 운명의 시발과 변화에 연관이 있을 뿐이다. 그리하여 천격의 수리(數理)로서는 길흉을 보지 않는다.

(2) 인격(人格)

인격은 일생의 운명을 좌우하는 주동적(主動的) 부위로서 인체의 동체부(胴體部)에 비유하며 인격의 영동력(靈動力)은 일생 운명의 중추적 역할을 하는 주운(主運)이 된다. 이의 작용력은 성격, 체질, 능력 등을 암시하고 상위에 있는 천격과 연결하여 발전, 성공운과 부모, 손윗사람과의 관계를 보고 또 하위에 있는 지격과 연결해서는 자녀 및 손아랫사람과의 관계 등 기초의 운세를 보면서 외격과 대조하여 사회적 활동과 부부의 인연 등을 보게 된다.

특히, 다른 격(格)과의 강약(强弱)관계가 상호 발생하는데 인격 주운(主運)이 길격(吉格)이 되고 천격과 지격에 큰 방해가 없으면 일생을 편안하게 부귀와 영화를 누릴 수 있으나 이와 달리 인격에 흉수(凶數)가 들어 있으면 비록 천격과 지격에 길수(吉數)가 배치되고 외격(부운)과 총격(총운)의 배치가 길격(吉格)이 되어도 지배적인 주운 흉수의 영향 때문에 흉운을 유발하여 일생동안 불행을 겪게 된다.

그리고 인격은 청년기(靑年期)의 운으로서 대개 21세부터 27세까지 강력하게 영동(靈動)하다가 36세가 되면 그친다고는 하나 일생 운명의 주동적 운기가 총 집중되어 일생 운명의 대부분을 좌우하게 된다.

(3) 지격(地格)

지격은 이름 글자의 전 획수를 합하여 성격(成格)이 되는데 이는 인체의 허리 밑 부분에 해당되는 것으로 비유한다. 지격은 인격과 연결하여 기초운을 보고 처자와 수하 사람들과의 연관성이 많은 전

가 생기기도 하나 작명의 다섯 가지 원칙에 입각하여 종합적으로 판단을 해야 한다.

(1) 일반적인 인격(人格) 주운수(主運數)의 영동

● 3, 5, 6, 11, 13, 15, 16, 21, 23, 24, 25, 31, 32, 37 등의 수는 가장 좋은 길수(吉數)로 친다. 이와 같은 길수가 인격 부위와 이름자에 있고 삼재(三才: 천격, 인격, 지격)의 배치가 좋으면 비록 타격(他格)에 흉수가 있다 해도 이를 완화하여 순조롭게 발전, 성공하고 행운을 유도한다.

● 4, 9, 10, 19, 20, 26, 34 등의 수는 흉수로 본다. 만일 삼재(三才)의 배치가 좋지 못하고 또한 타격에서 길수의 도움이 없으면 대개 병약(病弱)하여 수명이 짧거나 사업의 실패, 고독, 조난(遭難), 역경(逆境), 아내와의 이별 등의 흉운을 유도한다.

● 7, 8, 17, 18 등의 수는 힘이 있고, 굳세어서 대개 의지가 견고하고 만난을 타파하는 용기와 끈기있는 지구력을 지니며 정의를 위해서는 자신을 희생하는 의리와 의협심을 유도한다.

● 27, 28의 수는 지나치게 강왕하여 사람됨이 불손하고 비방과 조난을 겪으며 삼재(三才)의 배치 여하에 따라 간혹 형별의 재액을 유도하기도 한다.

● 2, 12, 14, 22의 수는 대체로 몸이 허약하고 가족과의 인연도 엷으며 간혹 사람에 따라서는 사업이 부진하여 중도에 실패하고 좌절하는 흉운을 유도하기도 한다.

(가) 남자 주운수(主運數)의 영동

● 1, 11, 27, 31, 41 등의 수는 대개 성정이 차분하고 온화하며 이해심이 많다. 강인한 내성적 기질이 외형상으로는 비활동가처럼 보여도 내면적으로 충분한 역량과 추진력을 지니고 점진적으로 향상 발전하여 상당한 성공을 거두며 입신양명(立身揚名)하여 가정도 원만하게 행복을 유도한다.

● 2, 12, 22, 32, 42 등의 수는 대체로 인내력이 풍부하고 점진성을 지니고 있다. 성품이 겉으로 보기에는 부드러워 보여도 내면적으로는 강인하고 고집이 있으며 남달리 이성을 너무 좋아하여 건강에 어려움이 따르기도 한다. 단 32수는 별 탈 없이 평안한 것으로 본다.

● 3, 13, 23, 33 등의 수는 성격이 활발하고 급진적이어서 명예와 권위를 중시하며 비교적 남보다 빨리 성공을 기약할 수 있다. 단 33수는 중도에 실패, 좌절을 유도하기도 한다.

● 4, 14, 24, 34, 44 등의 수는 대체로 외유내강(外柔內剛)하고 정력을 많이 소모하는 민첩한 타입이다. 허위와 가식성(假飾性)을 지니고 가족과의 인연이 엷으며 혹자는 병약(病弱)하여 수명이 짧

을 수도 있다. 다만 24수는 재운이 좋아서 재물도 모으고 행복을 유도한다.

● 5, 15, 25, 35, 45 등의 수는 대체로 성격이 부드럽고 아량이 있어서 대중과도 쉽게 친하는 동화력(同和力)이 있다. 나를 찾아오는 사람은 거역하지 못하고 또 가는 사람을 잡지 못하는 자애로운 마음이 대인관계를 원활히 하고 행복을 유도한다. 단 25수는 괴벽한 성품이 되어 인화를 상실할 염려가 있다.

● 6, 16, 26, 36, 46 등의 수는 의협심과 동정심은 많으나 일정함이 없어 변동이 많이 따르고 신병(身病)과 노고(勞苦)를 유도한다. 단 6, 16의 수는 성격이 외유내강하고 은인자중하여 행복을 기약할 수 있다.

● 7, 8, 17, 18, 27, 28 등의 수는 굳건한 의지가 지나치게 강왕하고 완고하여 융통성이 부족하다. 그래도 허영심이 많으며 남자다운 기질로 결단성이 있고 내구력(耐久力)도 있으나 스스로 다툼을 자초하여 가정이 평온하지 못하다. 그리고 특히 27, 28수는 대체로 좋은 운을 유도하지 못한다.

● 9, 10, 19, 20, 29, 30, 39, 40 등의 수는 지혜가 있고 남에게 담백한 인상을 주기는 하나 운명은 아름답지 못하여 가정이 불행하다. 특히 29, 39의 수는 고난과 역경을 면하거나 극복하기가 매우 어렵다고 본다.

(나) 여자 주운수(主運數)의 영동

● 1, 3, 5, 6, 11, 13, 15, 16, 24, 31, 32, 35 등의 수는 대체로 성품이 온유하고 정숙하면서도 영리하다. 참을성도 있고 자녀와 인연도 두터우며 가정에 행복을 유도하는 상운(上運)의 길수(吉數)로 친다.

● 2, 4, 9, 10, 12, 14, 19, 20, 22, 26, 36 등의 수는 대체로 몸이 병약(病弱)하고 부모, 형제, 부부와의 인연이 엷다. 간혹 사람에 따라서는 일찍이 자녀를 잃거나 또는 남편의 운기를 파극(破剋)하기도 하여 흉수로 본다.

● 27, 28의 수는 고독하고 생사 이별의 불행이 따르기도 하여 흉수로 친다. 혹자는 일생에 안정을 얻지 못하고 종내는 의지할 데 없는 고독한 운명을 유도하기도 한다.

● 21, 23, 29, 33, 39 등의 수는 남자의 운기를 파극(破剋)하고 생사 이별의 불행을 유도하여 독신 생활을 영위하는 과부운이 영동하는 것으로 본다.

● 7, 8, 17, 18, 25, 27, 28, 29 등의 수는 성격이 지나치게 강직하여 부부 사이에 다툼이 많을 수다. 단 천격(天格)의 오행(五行)이 수(水)에 속하면 무방한 것으로보나 25수는 그렇지도 못하다.

● 4, 9, 10, 19, 20, 21, 23, 27, 33, 39 등의 수는 남자의 운기

를 파극하고 여성 상위의 운을 유도하여 가정이 불행하다. 설령 현재는 조용하고 평안하게 태평을 유지할지라도 뜻밖의 재난이 발생하여 불행에 빠져들 수도 있다.

(2) 외격(外格)의 부운수(副運數)의 영동력

외격은 성(姓)의 첫 자와 이름(名) 맨 끝 자의 획수를 합한 것이다. 이 외격은 성명의 중심 부위를 감싸 주고 있어서 이는 흡사 입술과 치아(齒牙)처럼 상호가 불가 분리의 밀접한 연관성을 유지하며 인격(人格) 주운(主運) 다음으로 영동(靈動)하여 부운(副運)이라 한다.

인격 주운이 비록 좋은 길수(吉數)가 되어도 외격(外格) 부운(副運)이 흉수(凶數)가 되면 부운 흉수의 영향으로 상당한 흉운을 겪게 된다. 그래서 이름은 모름지기 주운과 부운이 다 좋고 지격(地格)과 총격에 결함이 없어야 일생을 행복으로 유도하여 편안하게 영화를 누릴 수 있다. 비록 전, 후운이 다 좋아도 주, 부운이 흉하면 흉수를 유발하여 일생이 행복하기가 어렵다.

그리고 이를 건강적인 측면에서 고찰해 보면 인격 부위의 흉수는 내부 장기(臟器)나 호흡기 계통의 질환에 이환(罹患)되기가 쉽고 외격 부위에 흉수가 되면 외상(外傷) 또는 피부병 등이 발생하기 쉽다.

또 가정적인 측면에서 인격 주운이 중추적 역할을 하는 주인공의 운명이라면 외격 부운은 내조적 역할을 하는 처자와 가속(家屬)의 운이라 할 수 있다.

그래서 인격 주운이 좋아도 외격 부운이 좋지 못하면 그 주인공은 건강해도 집안 식구 중에는 항상 병환이 따른다고 본다. 이와 달리 부운이 좋고 주운이 나쁘면 집안 식구들은 건강하고 행복할 수 있으나 당사자인 주인공은 설령 건강을 유지한다 해도 외부적인 환경과 여건 등이 좋지 못한 흉운을 유발하게 된다.

(3) 전운(前運)과 후운(後運)의 유도력(誘導力)

인격(人格)과 외격(外格)이 성명의 중심과 외각적 관계를 유지한다고 하면 지격(地格) 전운(前運)과 총격(總格) 후운(後運)은 전후 좌우의 역학 관계라 할 수 있다. 이를 나무에 비유하면 어린 유목(幼木)이 점점 자라서 노수목(老樹木)이 되는데 전운과 후운은 어린 나무가 노수목으로 자라는 과정과 흡사하다.

대개 전운의 영동력은 36세 이전 청 · 소년기에 가장 많이 발현(發現)하나 주운과 연결되어 그 위력이 더욱 가중되기도 한다.

후운은 대개 36세 이후 중 · 장년기부터 발현하여 만년의 운기로 본다. 학자간에 약간 그 영동하는 기간을 달리 하여 혹자는 중년 이후에 전운이 작동하고 청 · 소년기에 후운이 영동한다고 하나 때로는 이변적인 발현을 하는 예도 허다히 볼 수 있다. 그래서 다만 소정 시기에 비교적 강력히 작용한다는 것뿐이다.

(4) 각격(各格) 운수(運數)의 연관성

성명 인격 주운의 암시 작용은 대개 20세 전후에 점차 발현을 시작하고 외격 부운의 영동(靈動)은 27~8세 전후부터 점점 작용을 하는데 주운과 부운의 수리(數理)가 흉수일 때는 전운에 비록 길수가 있다 해도 크게 발전 성공하여 행복을 누리기가 어렵다.

만일 주운과 부운이 다 함께 길수가 되고 전운이 또한 양호하면 대개 50세 전후에 발복하여 매사가 순조롭고 크게 성취하여 영화와 행복을 누리는 좋은 운명이 된다.

만일 후운(後運) 외격(外格)에 흉수(凶數)가 들어 있으면 50세를 전후하여 재화를 겪을 불행의 수도 있다.

그리고 설령 주운과 부운이 흉수라 해도 후운에 길수가 들어 있으면 만년에 발복하여 여생을 편안하게 행복을 누리게 된다.

이상과 같이 대체로 전운과 후운의 한계가 없고, 천(天), 인(人), 지(地), 외(外), 총(總)의 오격(五格)이 함께 연관되어 상호 좋은 배합의 운격(運格)으로 구성이 되어야 일생을 부단하게 행운으로 유도한다. 이리하여 성명은 한 사람의 일생 운명을 상징하는데 본시 인간의 운명은 미묘한 것이어서 영고성쇠(榮枯盛衰)의 부침(浮沈)이 많다. 사람이 일생을 살아가는 데는 행복과 불행이 따르기 마련이니 행복하다고 교만해서도 아니 되고 불행하다고 낙망하거나 좌절해서도 안 된다. 운이란 돌고 도는 수레바퀴와 같아서 하루에도 밤과 낮이 있고 일 년에도 춘·하·추·동이 있음과 같다.

그런데 이 변화무쌍한 인간의 운명을 아무도 예측할 수 없는 것처럼 보이지만 성명학의 감정으로도 일생의 행복과 불행과 운로(運路)의 길흉을 총괄적으로 판단할 수 있으며, 또한 운명의 예지(豫知)도 가능하다.

그리고 이름은 천격(天格)을 제외한 인격(人格), 지격(地格), 외격(外格), 총격(總格) 가운데 단 한 자리의 흉수만 있어도 좋은 이름이라 할 수 없으니 작은 점 자획 하나라도 소홀히 해서는 안 된다.

오행(五行)의 배치(配置)

1. 오행(五行)의 원리(原理)

동양의 역리철학(易理哲學)이 다 그렇지만 성명학(姓名學)은 음양(陰陽)과 오행론(五行論)을 수용하여 이론적으로 체계화되어 있다. 그러므로 성명학의 본질을 이해하기 위해서는 무엇보다 먼저 음양오행의 원리를 이해해야 한다. 음양오행론에 의하면 음(陰)과 양(陽), 오행(五行) (木, 火, 土, 金, 水)의 특수한 기(氣)는 우주 만물의 존재와 작용의 원천을 이루며 인간을 포함한 모든 생명체의 근본이 기(氣)에 있다고 한다.

예부터 역리학(易理學)에서는 우주의 삼라만상(森羅萬象)을 다섯 가지의 상으로 분류를 하여 자연의 현상이나 인간의 성질을 판별하고 상호 배합과 변화 작용을 추정하여 길흉을 판단하고 일생 운명을 예측하고 있다.

(1) 오행(五行)의 성질과 형태

구분 / 오행	오방 (五方)	오절 (五節)	오상 (五象)	오상 (五常)	오색 (五色)	오장 (五臟)	오음 (五音)	오관 (五官)	오기 (五氣)
목 (木)	동 (東)	춘 (春)	인애 (仁愛)	인 (仁)	청 (靑)	간 (肝)	아음 (牙音)	눈 (目)	풍 (風)
화 (火)	남 (南)	하 (夏)	강맹 (强猛)	예 (禮)	적 (赤)	심 (心)	설음 (舌音)	혀 (舌)	열 (熱)
토 (土)	중앙 (中央)	사계 (四季)	관홍 (寬弘)	신 (信)	황 (黃)	비 (脾)	후음 (喉音)	몸 (身)	습 (濕)
금 (金)	서 (西)	추 (秋)	살벌 (殺伐)	의 (義)	백 (白)	폐 (肺)	치음 (齒音)	코 (鼻)	조 (燥)
수 (水)	북 (北)	동 (冬)	유화 (柔和)	지 (智)	흑 (黑)	신 (腎)	순음 (脣音)	귀 (耳)	한 (寒)

(2) 수(數)와 음양(陰陽) 오행(五行)

수 / 구분	1	2	3	4	5	6	7	8	9	10
음양 (陰陽)	양 (陽)	음 (陰)	양 (陽)	음 (陰)	양 (陽)	음 (陰)	양 (陽)	음 (陰)	양 (陽)	음 (陰)
오행 (五行)	목 (木)	목 (木)	화 (火)	화 (火)	토 (土)	토 (土)	금 (金)	금 (金)	수 (水)	수 (水)
천간 (天干)	갑 (甲)	을 (乙)	병 (丙)	정 (丁)	무 (戊)	기 (己)	경 (庚)	신 (辛)	임 (壬)	계 (癸)

위와 같이 각 수(數)에는 목(木)·화(火)·토(土)·금(金)·수(水)
의 오행이 암장(暗藏)되어 있고 암장되어 있는 오행은 상호 상생(相

生) 상극(相剋)의 원리와 변화에 의해서 극히 현묘한 유도력(誘導力)을 영동(靈動)하고 있다.

이 철리(哲理)를 응용하여 성명의 길흉과 운명을 감정하는데 이름의 인격 부위를 중심으로 각 격의 오행 배치와 상호 연관성을 대조하여 운명의 길흉을 감정한다.

(3) 오행(五行)의 상생(相生)

● 목생화(木生火): 나무를 태우면 불이 일어난다. 그래서 나무(木)는 불(火)을 생성한다.

● 화생토(火生土): 불에 탄 재(灰)는 흙이 된다. 그래서 불(火)은 흙(土)을 생성한다.

● 토생금(土生金): 흙 속에서 광물(鑛物)이 생출(生出)된다. 그래서 흙(土)은 광물, 즉 금(金)을 생성한다.

● 금생수(金生水): 금속은 불에 녹아 수분(水分)을 생성한다.

● 수생목(水生木): 나무는 물을 먹고 자라고, 물(水)은 나무(木)를 자라게 한다.

(4) 오행(五行)의 상극(相剋)

● 수극화(水剋火): 물(水)은 불(火)을 꺼버릴 수 있다.

● 화극금(火剋金): 불(火)은 금(金)을 녹일 수 있다.

● 금극목(金剋木): 금(金)은 나무(木)를 자를 수 있다.

● 목극토(木剋土): 나무(木)는 흙(土)에 뿌리를 박을 수 있다.

● 토극수(土剋水): 흙(土)은 물(水)을 못 흐르게 막을 수 있다.

여기서 유의할 점은 오행의 모든 각행(各行)이 상생(相生)과 상극(相剋)에 다같이 관여한다는 사실이다. 예를 들면 '목(木)'은 목생화(木生火), 수생목(水生木)의 상생 작용에 관여하기도 하지만 금극목(金剋木), 목극토(木剋土)의 상극 작용에도 관여한다. 이는 오행의 상생 중에 상극이 내포되어 있고 상극 중에 상생이 포함되어 있다는 뜻이다. 만약에 상생만 있고 상극이 없다면 정상적인 평형 발전이 유지될 수 없고, 반대로 상극만 있고 상생이 없다면 만물은 화생할 수 없다. 그러므로 상생 상극은 모든 사물이 상대평형(相對平衡)을 유지하기 위해서 상호 불가결한 연관성을 지니게 된다.

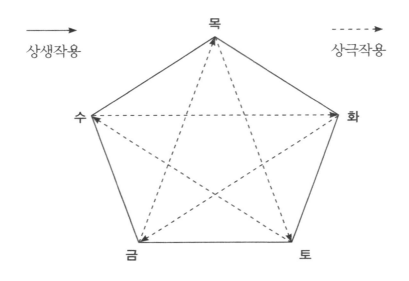

오행의 상생 상극 원리도

상생작용

상극작용

목

수   화

금   토

(5)오행의 비화(比和) 및 편다(偏多)

비화(比和)라 함은 서로가 같은 것을 뜻하며 이는 동질성이기 때문에 서로가 돕고 화목하다.

목화목(木和木), 화화화(火和火)

토화토(土和土), 금화금(金和金)

수화수(水和水)

편다(偏多)라 함은 한쪽으로 기울어지게 너무 많다는 것을 뜻하며 이는 지나쳐서 좋지 못하다.

● 목(木)이 너무 많으면 흙(土)이 파괴되어 다툼이 생긴다. 성격은 대체로 온건하고 인내력이 강하여 성공을 암시한다.

● 화(火)가 많으면 금(金)이 녹아버리고 소멸한다. 성격은 조급하고 인내력이 약하며, 침착성이 부족하여 일시적인 성공을 암시한다.

● 토(土)가 많으면 물이 흐리고 물의 흐름을 막는다. 이렇게 되면 성격은 융통성이 없고 활발하지 못하여 편안하지 못하다.

● 금(金)이 많으면 나무(木)가 꺾어지고 위험하다. 성격은 완고하고 도량이 좁아서 고독하고 조난을 암시한다.

● 수(水)가 많으면 불(火)이 꺼지고 떠내려 간다. 성격은 유동적이며 일시적인 성패와 황망(慌忙)함을 암시한다.

이상과 같이 '비화(比和)' 곧 동질성끼리 만나는 것은 무방하나 '편다(偏多)'가 지나치게 많으면 반기작용(反氣作用)을 하여 좋지 못하다.

(6)오행(五行)의 작용력(作用力)

(가) 상생(相生)의 작용
● **목생화(木生火)**

감수성이 강하고 열정적이기는 하나 강인한 지구력이 부족하다. 사랑과 미움이 극단으로 표현되어 대개 친구가 적다.

● **화생토(火生土)**

온화하고 친절하며 사교성이 좋다. 다만 경제적인 측면에서 수입에 비해 지출이 많은 편이다.

● 토생금(土生金)

성품이 온화하고 정직은 하나 소극적인 경향이 있고 활동성이 부족하며, 투기와 모험을 모르고 산다.

● 금생수(金生水)

명랑하고 쾌활한 성품이 재치도 있다. 그러나 대중과 사귀기를 꺼리고 매우 이기적이다.

● 수생목(水生木)

감수성이 강하고 열정적인 성품이 이해력도 깊으나 다만 환상적인 경향으로 현실을 멀리한다.

(나) 상극(相剋)의 작용

● 목극토(木剋土)

호기심이 많고 유행에 민감하여 성정이 변덕스럽고 노력성(努力性)과 지구력(持久力)이 부족하다.

● 화극금(火剋金)

의지가 견고하고 인내성과 노력성도 있으나 다만 강직한 성품이 세상사를 부정하고 반대 아닌 반대를 잘한다.

● 토극수(土剋水)

유물사상이 농후하여 종교, 신앙 등을 부인하고 세상 물정을 살피는 관찰력이 부족하여 언행이 불손하다.

● 금극목(金剋木)
인정도 많고 신의도 있으나 고집이 완고하여 항시 반대편에 서서 활동하는 성향이 농후하다.

● 수극화(水剋火)
완고한 성품에 투쟁심이 강하고 신경이 과민하여 매사에 굽힐 줄 모르고 종교 등 신앙을 부정하고 싫어한다.

(다) 비화(比和)의 작용
● 목비목(木比木)
사람이 건실하고 도량도 넓으며 재주도 있고 총명하다. 외관상 보기에는 온화하게 보여도 내면적인 속마음은 굳세다.

● 화비화(火比火)
범사에 매우 정열적이고 성실하게 노력하는 타입이기는 하나 너무 이기적이고 타산적이다. 의심도 많고 성정이 몹시 조급하다.

● 토비토(土比土)
범사에 소극적이고 내성적인 성품에 너무 고지식하고 온후하며 침착은 하나 진취성이 부족하다.

● 금비금(金比金)

외유내강(外柔內剛)한 성품이 침착하면서 과단성이 있고 사교성
도 좋으나 싸움을 벌이면 대단히 살벌하다.

● 수비수(水比水)

남의 의사를 무시하고 자기 주장만 내세워 손해를 보고 내편 사
람을 잃게 된다. 불평과 불만이 많은 타입이다.

2. 성명의 오행(五行) 배치(配置)

성명에 대한 오행의 배치는 운명상 가장 영향을 많이 주는 기본
요소가 된다. 비록 각격(各格)이 전부 좋은 길수(吉數)로 구성이 되
었다 해도 오행상 융합을 이루지 못하면 이는 우주 순환의 법칙에
역행하는 것이 되어 이상적인 이름이 될 수 없다.

그래서 오행의 상생과 상극은 성명의 호·불호(好·不好)를 지배
하는 가장 중요한 핵심이 된다. 그리고 각격(各格) 수리(數理)의 암
시력(暗示力)에도 강력한 유도력(誘導力)을 작용하여 수리 이상의
영향을 주기도 한다.

오행 배치의 작용력은 사업상의 성패, 사회상의 명예, 직위, 육
체적인 정신, 건강, 수명, 가정의 행복과 불행 등에 연관이 깊고 그
심오한 묘리(妙理)는 변화 무궁하여 소홀히 경시할 수 없다.

(1) 오행(五行) 상생(相生)의 예

(1)		(3)		(5)		(7)		(9)
목(木)	→	화(火)	→	토(土)	→	금(金)	→	수(水)
(2)		(4)		(6)		(8)		(10)

위 오행은 목(木), 화(火), 토(土), 금(金), 수(水)의 순으로 좌(左)에서 우(右)로 상생하고 있다. 곧 목(木)은 수(水)를 얻음으로 해서 자라고, 화(火)는 목(木)을 얻음으로 성(盛)하고, 토(土)는 화(火)를 얻음으로 견고하고, 금(金)은 토(土)를 얻음으로 강하고, 수(水)는 금(金)을 얻음으로 해서 왕성하다.

상생의 이치는 대자연의 법칙에 순응하고 조화하는 것이 된다. 성명의 삼재(三才: 천격, 인격, 지격) 배치가 이와 같은 순서로 상생이 되면 삼재의 영동력이 크게 강왕하여 매사가 순조롭고 향상 발전한다.

(9)		(7)		(5)		(3)		(1)
수(水)	←	금(金)	←	토(土)	←	화(火)	←	목(木)
(10)		(8)		(6)		(4)		(2)

위 오행은 우(右)에서 좌(左)로 상생하고 있다. 비록 역으로 상생이 되어도 오행의 조화에는 상관이 없고 얻어서 생성되는 것이 되

49

어 기초의 안정을 확보하고 장상(長上)의 도움과 혜택을 받게 되어 영화롭게 발전, 성공할 수 있는 좋은 운이 유도된다.

(2)오행(五行) 상극(相剋)의 예

(5)		(1)		(7)		(3)		(9)
토(土)	←	목(木)	←	금(金)	←	화(火)	←	수(水)
(6)		(2)		(8)		(4)		(10)

위 오행은 수(水), 화(火), 금(金), 목(木), 토(土)의 순으로 우(右)에서 좌(左)로 상극이 되어 자연의 법칙에 역행하는 것이 된다. 만일 성명의 천(天), 인(人), 지(地)의 삼재에 이와 같은 순으로 상극 배치가 되면 기초가 불안정하여 심신이 괴롭고 반드시 흉재가 발생하여 완전한 천수(天壽)를 다하기가 어려운 흉수를 유도하게 된다.

(9)		(3)		(7)		(1)		(5)
수(水)	→	화(火)	→	금(金)	→	목(木)	→	토(土)
(10)		(4)		(8)		(2)		(6)

위 오행은 수(水), 화(火), 금(金), 목(木), 토(土)의 순으로 좌(左)에서 우(右)로 상극이 되어 있다. 물(水)은 흙(土)을 만나 힘을 잃고, 화(火)는 물(水)을 만나 세를 잃고, 금(金)은 화(火)를 만나 권(權)을

잃고, 목(木)은 금(金)을 만나 기(氣)를 잃고, 토(土)는 목(木)을 만나 실령(失令)을 하게 되니 모두 대자연의 법칙에 조화를 이루지 못하여 만사가 뜻과 같지 못하고 부자연하다. 비록 한때 무사하고 편안을 얻어도 반드시 불행한 불운으로 빠져드는 흉수를 유도하게 된다.

3. 선천운(先天運)과의 조화(調和)

이름을 감정하거나 새로 지을 때는 먼저 각자가 타고난 선천운(先天運) 사주(四柱: 생년, 월, 일, 시)를 살펴서 용신(用神: 본신을 보호하는 신)을 기준해야 한다. 무조건 이름자만 좋다고 해서 짓게 되면 그것은 흡사 양복점에 가서 몸의 전체 치수를 재지 않고 옷을 맞추는 경우와 같다고 볼 수 있다.

본시 사주(四柱)에서 그 사람의 선천적 운명을 암시하고 이름은 타고난 선천적 운명을 보강, 발전하여 후천운을 조성, 개척하고 있다. 그래서 사주에서 기뻐하고(喜), 꺼리고(忌), 강(强)하고, 약(弱)한 것을 삼은 다음 삼재(三才)의 오행으로 보완하고 중화하여 조화를 이루게 하는 것이 곧 역리학적(易理學的) 이름이다. 다시 말하면 각격의 오행 배치와 수리 및 음령(音靈)의 배합 등에서 꺼리는 것은 피하고 기쁜 것을 취하며 또 강한 것은 억제를 하고 약한 것은 도와줌으로 해서 선천운을 돕고 중화를 기하여 일생에 행운과 영화를 유도하게 된다.

51

(1) 60갑자(甲子) 납음오행(納音五行) 중 특례

● 무술(戊戌), 기해(己亥), 평지목(平地木)생은 금(金)이 없으면 영화롭지 못하다.

● 무자(戊子), 기축(己丑), 벽력화(霹靂火), 무오(戊午), 기미(己未), 천상화(天上火), 병신(丙申), 정유(丁酉), 산하화(山下火)생은 물(水)을 얻어야 복록이 영화롭다.

● 경오(庚午), 신미(辛未), 노방토(路傍土), 무신(戊申), 기유(己酉), 대역토(大驛土), 병신(丙申), 정사(丁巳), 사중토(沙中土)생은 목(木)이 아니면 평생을 그르친다고 본다.

● 갑오(甲午), 을미(乙未), 사중금(砂中金), 임신(壬申), 계유(癸酉), 금봉금(金鋒金)생은 화(火)를 만나야 형체를 이루고 기쁨이 있다.

● 병오(丙午), 정미(丁未), 천하수(天河水), 임술(壬戌), 계해(癸亥), 대해수(大海水)생은 토(土)를 만나야 자연히 형통한다.

이는 관성제화(官星制化)의 묘법에 의해서 상극(相剋) 중 상생(相生)이 되기 때문이다. 앞에서 열거한 생년간지(生年干支) 생은 성명 배합의 문자 선택이나 수리 오행의 배치 또는 음령(音靈) 배합 등에 가급적 해당 상생의 오행을 보완하여 조화를 이루면 용신(用神: 본신이 필요로 하는 신) 작용을 하여 더욱 좋아진다.

(2) 생일(生日) 천간(天干)과 생월(生月)의 대비(對比)

사주 추명학(推命學)에서는 일주(日柱: 생일) 천간(天干)을 자기의 주성(主星), 즉 본신(本身)으로 하여 운명을 감정하고 있다. 이와 같이 작명에서도 생일 천간과 생월을 대비하여 왕(旺), 상(相), 휴(休), 수(囚), 사(死) 등 강약(强弱)을 판별한 다음 이름에 그 희기성(喜忌性)을 가려서 취사선택(取捨選擇)을 해야 더욱 좋아진다.

가령 생일(生日)이 정월(正月) 갑자(甲子)일 경우 생일은 일간(日干) 갑목(甲木)이 되고, 생월은 춘목왕령(春木旺令)이 된다. 생일 갑목(甲木)이 이른 봄에 태어나 득령(得令)을 하여 신왕(身旺)은 한다. 그러나 아직 여한(餘寒)이 가시지 않는 이른 봄이라 불(火)로 따뜻하게 하고 물(水)로 자라게 도와주면서 흙(土)으로 뿌리를 박게 하면 희성(喜性: 기쁘게)이 되어 대길하다.

이와 달리 금(金)과 목(木)은 꺼리는 기성(忌性)이 되어 좋지 못하니 피하는 게 좋다. 그럼 일주(日柱) 천간(天干)과 각 계절을 대비하여 희성(喜性)과 기성(忌性)을 알아보기로 한다.

※ 출생일의 일진(日辰)은 음력을 기준으로 하고 월력이나 천세력을 참조할 것.

(가) 생일(生日) 천간(天干) 갑을(甲乙) 목(木)

● 1, 2, 3월생 (봄)

춘목왕령(春木旺令)이라 목기(木氣)가 왕성하여 하루가 다르게 성장을 한다. 그러나 아침저녁으로는 춥고 새싹이 되어 목성(木性)이 단단하지 못하다.

희성(熹性)	화(火), 수(水), 토(土)
기성(忌性)	금(金), 목(木)

● 4, 5, 6월생 (여름)

하목휴령(夏木休令)이라 나무의 잎사귀와 뿌리는 성장을 멈추게 되나 줄기의 목성(木星)은 오히려 단단해진다.

희성(熹性)	수(水), 토(土), 금(金)
기성(忌性)	화(火), 목(木)

● 7, 8, 9월생 (가을)

추목사령(秋木死令)이라 나무의 잎사귀는 점점 떨어지고 형세도 약해지면서 마른다.

희성(熹性)	화(火), 토(土), 수(水)
기성(忌性)	금(金), 목(木)

● 10, 11, 12월생 (겨울)

동목상령(冬木相令)이라 날씨가 추워지니 나뭇가지는 앙상하고 뿌리는 깊은 곳으로 숨어든다.

희성(熹性)	화(火), 토(土), 금(金)
기성(忌性)	수(水), 목(木)

(나) 생일(生日) 천간(天干) 병정(丙丁) 화(火)

● 1, 2, 3월생 (봄)

춘화상령(春火相令)이라 목기(木氣)는 화기(火氣)를 도와서 열기(熱氣)는 점점 왕성해진다.

희성(熹性)	금(金), 수(水), 토(土)
기성(忌性)	목(木), 화(火)

● 4, 5, 6월생 (여름)

하화왕령(夏火旺令)이라 화기가 일 년 중 가장 왕성한 계절이다.

희성(熹性)	금(金), 수(水), 토(土)
기성(忌性)	화(火), 목(木)

● 7, 8, 9월생 (가을)

추화수령(秋火囚令)이라 그 왕성하던 화기(火氣)도 점점 쇠퇴하여 누그러진다.

희성(熹性)	목(木), 화(火), 수(水)
기성(忌性)	금(金), 토(土)

● 10, 11, 12월생 (겨울)

동화사령(冬火死令)이라 화기(火氣)가 극히 쇠잔하여 미약하다.

희성(熹性)	목(木), 화(火), 토(土)
기성(忌性)	수(水), 금(金)

(다) 생일(生日) 천간(天干) 무기(戊己) 토(土)

● 1, 2, 3월생 (봄)

춘토사령(春土死令)이라 토기(土氣)가 쇠약하고 그 세력이 외롭다.

희성(熹性)	화(火), 토(土), 금(金)
기성(忌性)	목(木), 수(水)

● 4, 5, 6월생 (여름)

화토상령(火土相令)이라 토기(土氣)가 왕성하여 마르고 갈라질 우려가 있다.

희성(熹性)	수(水), 금(金), 목(木)
기성(忌性)	화(火), 토(土)

● 7, 8, 9월생 (가을)

추토휴령(秋土休令)이라 자왕모쇠(子旺母衰)하여 토기(土氣)는 설기(洩氣)되어 생기가 없다.

희성(憙性)	토(土), 화(火), 목(木)
기성(忌性)	금(金), 수(水)

● 10, 11, 12월생 (겨울)

동토수령(冬土囚令)이라 토기가 진흙을 이루면서 겉으로는 차고 안으로는 음습하다.

희성(憙性)	화(火), 토(土), 목(木)
기성(忌性)	금(金), 수(水)

(라) 생일(生日) 천간(天干) 경신(庚辛) 금(金)

● 1, 2, 3월생 (봄)

춘금수령(春金囚令)이라 기체는 약하고 성질은 부드럽다.

희성(憙性)	토(土), 금(金), 화(火)
기성(忌性)	목(木), 수(水)

● 4, 5, 6월생 (여름)

하금사령(夏金死令)이라 금기(金氣)가 미약하고 그 기질이 유연하다.

희성(熹性)	토(土), 금(金), 수(水)
기성(忌性)	화(火), 목(木)

● 7, 8, 9월생 (가을)

추금왕령(秋金旺令)이라 기세가 당당하고 성질이 몹시 강건하다.

희성(熹性)	수(水), 화(火), 목(木)
기성(忌性)	금(金), 토(土)

● 10, 11, 12월생 (겨울)

동금휴령(冬金休令)이라 성질이 한랭하고 금기(金氣)가 물밑으로 가라앉아 힘이 없다.

희성(熹性)	화(火), 토(土), 금(金)
기성(忌性)	수(水), 목(木)

(마) 생일(生日) 천간(天干) 임계(壬癸) 수(水)

● 1, 2, 3월생 (봄)

춘수휴령(春水休令)이라 춘수(春水)가 넘쳐흘러 둑이라도 무너뜨릴 듯한 기세다.

희성(熹性)	토(土), 화(火), 목(木)

기성(忌性)	수(水), 금(金)

● 4, 5, 6월생 (여름)

하수수령(夏水囚令)이라 외관상으로는 충실해 보여도 내면적으로는 허약하다.

희성(熹性)	수(水), 금(金), 토(土)
기성(忌性)	화(火), 목(木)

● 7, 8, 9월생 (가을)

추수상령(秋水相令)이라 모왕자왕(母旺子旺)하여 그 기세가 왕성하다.

희성(熹性)	화(火), 토(土), 목(木)
기성(忌性)	금(金), 수(水)

예) 1992년(임신: 壬申) 5월(병오: 丙午) 14일(임진: 壬辰) 14:00시(정미: 丁未)생의 경우 사주를 예시하면 다음과 같다.

연: (年)	임신 (壬申)	수금 (水金)	생일 천간(天干) 임수(壬水)가 5월에 출생 실령(失令)을 하여 뿌리가 약하다. 이를 보완하기 위하여 금(金)으로 수원(水源)을 돕거나 토(土), 수(水), 희성(熹性)을 쓰고 화(火), 목(木)은 기성(忌性)이니 피하는 게 좋다.
월: (月)	병오 (丙午)	화화 (火火)	
일: (日)	임진 (壬辰)	수토 (水土)	
시: (時)	정미 (丁未)	화토 (火土)	

韓	景	在
17	12	6

천격(17) 인격(29) 지격(18)

(金) → (水) ← (金)

희성(熹性) 금(金), 수(水)를 선택했다. 주운(主運) 인격(人格) 수(水)를 천격(天格) 금(金)과 지격(地格) 금(金)이 돕고 있다. 생일(生日) 천간(天干) 임수(壬水)가 실령(失令)을 하여 뿌리가 약한 것을 금생수(金生水)하여 수원(水源)을 삼고 보완하여 이상적이다.

4. 기초운(基礎運)

성명의 인격(人格)과 지격(地格)의 오행 배치를 '기초운'이라 한다. 이는 곧 인격 대 지격이 되는데 기초운에서는 기초, 가정, 처자, 제매(弟妹), 부하, 직업, 건강, 수명 등 기본, 토대 관계의 기초운을 본다.

예)

金	三	哲
8	3	10

인격(11) 지격(13)

(木) → (火)

인격(人格) 목(木)과 지격(地格) 화(火)를 대비하여 기초운을 감정한다.

● **상생(相生)의 유도(誘道) 작용**

인격(人格)이 지격(地格)을 생성하면 (인격 목(木)→지격 화(火)) 자녀를 애호하고 처자와 부하들 사이에서 조화를 이룩하여 본신(本身)이 노력한 만큼 충분한 보상과 대가를 받으면서 편안을 얻을 수 있다. 이와 반대로 지격이 인격을 생성하면 (인격 화(火)←지격 목(木)) 자녀들이 효순(孝順)하고 아내의 내조와 부하들의 협조를 받으며 기초가 건실하여 본인의 능력을 백분 발휘할 수 있다.

● 상극(相剋)의 유도(誘道) 작용

인격이 지격을 상극하면 (인격 수(水)→지격 화(火)) 처자와 인연이 엷고 부하들과도 화목하지를 못하여 기초가 불안하고 이동이 잦으며 주거와 직업이 자주 변전하기가 쉽다. 간혹 부하들과의 연류로 흉화를 당할 수도 있고 또한 신체의 상해, 급변, 급화 등이 발생하기도 한다. 그러나 목극토(木剋土)의 경우는 무방하며 예외로 친다.

이와 달리 지격이 인격을 극제하면 (인격 화(火)←지격 수(水)) 자녀들이 불효하고 아내의 내조를 받을 수 없으며 또한 부하들의 극제(剋制)를 당하고 급화, 재앙 등이 자주 발생하기도 하나 간혹 평안을 누리는 수도 있다.

5. 성공운(成功運)

성명의 인격(人格)과 천격(天格)의 오행 배치를 성공운이라 한다. 이는 곧 인격 대 천격이 되는데 성공운에서는 선조, 부모, 손위(長

上), 형자(兄姉), 남편, 희망, 성공, 직업, 건강, 수명 등 발전 향상
과 성공 관계의 운을 본다.

예)

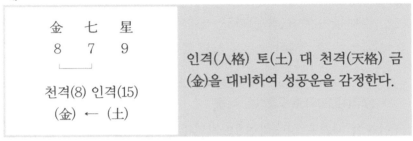

金　七　星	인격(人格) 토(土) 대 천격(天格) 금
8　7　9	(金)을 대비하여 성공운을 감정한다.
천격(8) 인격(15)	
(金) ← (土)	

● 상생(相生) 유도(誘道)의 작용

인격이 천격을 생성하면(인격 토(土)→천격 금(金)) 부모와 장상
(長上)에 효순하고 하는 일에 향상과 발전이 빠르며 순조롭게 성공
도 기약할 수 있다.

이와 달리 천격이 인격을 상생하면 (천격 목(木)→인격 화(火)) 부
모와 장상(長上)의 음덕과 애호를 받고 간혹 귀인의 도움을 얻어서
상당한 출세와 성공도 기약할 수 있다.

● 상극(相剋)의 유도(誘道) 작용

인격이 천격을 극제하면(인격 수(水)→천격 화(火)) 부모와 장상
(長上)에 불효 불순하고 제반사가 뜻과 같이 순조롭게 이룩되지 못
하여 곤경에 빠져드는 수가 있다.

이와 달리 천격이 인격을 상극하면 (천격 수(水)→인격 화(火)) 부
모와 손위 사이에 조화가 결핍되고 또한 인연도 희박하다. 간혹 굿

은 일과 수고만 하고 공이 없는 심신의 과로 등으로 크게 성공하기
가 어렵다. 다만 극히 드문 일이기는 하지만 간혹 뜻밖에 성공을 성
취하는 수도 있다.

6. 내외운(內外運)

성명의 인격(人格) 대 외격(外格)의 오행 배치를 '내외운(內外運)'
이라 한다.

이는 대내 대외의 환경과 배우자의 인연관계 및 사회적인 사교,
활동, 출세 등 행운상 변화에 중대한 영향을 주는 운이다. 대개 내외
운이 좋으면 만년까지 중단 없이 행운을 누릴 수 있으나 그렇지 못
하고 흉하면 중도에 중단이 되어 불운에 빠져들기도 한다.

예)

이상과 같이 성명의 인격(人格)을 중심으로 하여 대 지격(地格)운
을 '기초운'이라 하고 대 천격(天格)운을 '성공운'이라 하며 대 외격

(外格)운을 '내외운(內外運)' 또는 부운(副運)이라 이르면서 기초운과 성공운의 천(天), 인(人), 지(地)의 오행 배치를 삼재배치(三才配置)라 칭한다.

)

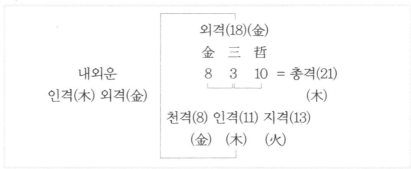

7. 기초운(基礎運)과 성공운(成功運) 일람표

(1) 인격(人格)이 목(木)일 때

● **지격(地格) 목(木), 대길(大吉)**

외유내강(外柔內剛)한 성품이 성실하게 노력하여 기초를 튼튼하게 다지고 주위의 신망과 도움을 받으며 자녀들도 현명하고 효순하는 대길의 운격이다.

● **천격(天格) 목(木), 대길(大吉)**

외유내강한 성품이 대인관계가 원만하여 주위의 지원과 협력을 받으면서 순탄하게 성공하여 소기의 목적을 달성하는 대길의 운격이다.

● 지격(地格) 화(火), 길(吉)

기초가 안정되어 별 어려움없이 평안을 유지하다가 만년에 가서 대성 발전한다. 다만 천격(天格)이 수(水)일 경우에는 천지(天地)가 상극되어 흉수(凶數)로 변할 수도 있다.

● 천격(天格) 화(火), 대길(大吉)

매사 하는 일이 뜻과 같이 성취되어 일취월장(日就月將)하고 향상 발전하여 소기의 목적을 무난히 달성하는 대길의 운격이다. 그러나 간혹 중도에서 중절되는 수도 있다.

● 지격(地格) 토(土), 대길(大吉)

일생에 변동이 적고 기반이 튼튼하여 경영하는 사업도 별 어려움없이 순조롭게 성취하여 주위의 존경과 신망을 받을 수 있는 대길의 운격이다.

● 천격(天格) 토(土), 흉(凶)

외관상으로 보기에는 화려하게 보여도 내면적으로는 곤란하다. 하는 일이 지지부진하여 어려움이 따르고 성공이 더디며 가족과의 인연 또한 아름답지 못하다. 건강적인 측면에서도 위장 질환에 이환(罹患)되기가 쉽다.

● 지격(地格) 금(金), 흉(凶)

환경에 변동이 빈번하여 이동을 자주하게 된다. 한편 수하 직원들이 불성실하고 자녀들도 불건전하여 박해를 당할까 우려된다. 그리하여 항상 마음이 불안정하고 폐(肺) 질환 등에 쉬 이환(罹患)되기도 한다.

● 천격(天格) 금(金), 흉(凶)

성질이 예민하고 대인관계에 의심을 많이 한다. 사업에 수완이 없고 일을 하는 데 기교가 부족하여 향상, 발전, 성공하기가 어렵다. 그리고 건강도 좋지 못하여 신경쇠약, 호흡기 질환 등에 이환되기가 쉽다.

● 지격(地格) 수(水), 흉(凶)

부단한 노력으로 일시적인 향상과 발전을 기할 수 있으나 뜻하지 않은 변괴수가 유발되면 부평초(浮萍草)처럼 떠돌이 신세가 되기도 한다. 그리고 일신이 병약하여 늘 번민을 하게 되는 흉수도 암시한다.

● 천격(天格) 수(水), 대길(大吉)

선고후락(先苦後樂)의 운이라 초·중년에는 괴로움이 따라도 후·말년에는 즐거움이 가득찬 영화로운 길운이다. 손윗사람들의 도움과 주위의 협조를 받으면서 점차 향상 발전하여 무난하게 성공을 성취한다.

(2) 인격(人格)이 화(火)일 때

● 지격(地格) 목(木), 대길(大吉)

견고한 기반과 비축된 재산으로 안정권을 유지하면서 거듭 발전을 기하고 사회적 지위와 명예도 누릴 수 있는 대길한 운이다. 특히 여자에게는 부드럽고 상냥한 남다른 매력의 소유자가 된다.

● 천격(天格) 목(木), 길(吉)

일생에 별 어려움 없이 손윗사람들의 도움을 받으면서 순조롭게 성공하는 좋은 운이 된다. 다만 여자와의 관계를 조심하지 않으면 풍파수가 따르니 각별히 유의를 해야 할 수다.

● 지격(地格) 화(火), 반길(半吉)

일시적인 왕성한 운이 있기는 하나 근본 기초가 튼튼하지 못하고 인내성과 지구력이 부족하다. 그러나 대체로 별 어려움 없이 순탄하게 지낼 수 있다. 간혹 왕성한 그 행운에 중단수가 따르기도 한다.

● 천격(天格) 화(火), 길(吉)

백사가 순성하여 별 어려움을 모르고 순탄하게 성공하는 좋은 운이 된다. 다만 급격한 감동을 억제하는 수양이 필요하며, 또 지격(地格)이 '토(土)'가 되면 선길후흉(先吉後凶)격이 되어 일시적인 왕운(旺運)이 흉수로 변화하기도 한다.

● 지격(地格) 토(土), 길(吉)

기반이 건실하고 몸과 마음이 편안할 행운의 수다. 그러나 천격 (天格)이 '화(火)'가 될 때에는 행운이 흉수가 되어 수명이 단축 될 수도 있다.

● 천격(天格) 토(土), 길(吉)

경영하는 일들이 뜻과 같이 성취되어 크게 성공하고 사방에 이름 을 떨친다. 다만 다른 사람의 원망을 살까 두려우니 대인관계를 원 활히 유지해야 한다. 간혹 수리(數理)가 좋지 못하면 불행한 비운의 명이 되기도 한다.

● 지격(地格) 금(金), 흉(凶)

외관상 보기에는 안일한 것 같아도 기실 내면적으로는 그렇지 못 하고 늘 번민을 한다. 가정과 수하들 사이에서 다툼이 빈번하여 정 신적으로 피로하고 몸은 호흡기 계통의 질환에 병들기가 쉽다.

● 천격(天格) 금(金), 흉(凶)

늘 자기 자신을 과대평가하는 자만심 때문에 크게 발전을 못한 다. 하는 일이 어느 정도 향상 발전하고 성과를 거두게 되면 다시 자만심이 발동하여 하강 침체되고 심신이 과로하여 신경쇠약, 폐 질환 등 병액을 겪을 수 있다.

● 지격(地格) 수(水), 대흉(大凶)

지격이 인격을 극제하면 절대 불안정하다. 매사가 뜻과 같이 성취되는 것 없이 설상가상(雪上加霜)으로 불의의 재화가 발생하여 재산에 많은 손실이 있거나 아니면 생명까지 위협하는 대흉운이 야기될 수도 있다. 그리고 수하로부터 피해를 당하는 운도 개재되어 있다.

● 천격(天格) 수(水), 대흉(大凶)

천격이 인격을 극제하면 사면초가(四面楚歌)로 크게 성공하기가 어렵다. 급변(急變), 급난(急難)의 수이고, 신체적으로도 심장마비, 뇌일혈 등 흉변이 야기될 흉운도 개재된다.

(3) 인격(人格)이 토(土)일 때

● 지격(地格) 목(木), 흉(凶)

주변 환경이 불안정하여 마음이 산란하고 변동수가 많이 발생한다. 그리고 또 수하의 도움도 받을 수 없고 이사도 자주한다. 여자는 지위나 신분이 쉽게 변화되기도 하고 신체적으로 위장 질환에 쉬 이환되기도 한다.

● 천격(天格) 목(木), 흉(凶)

천격이 인격을 상극하여 불평과 불만이 가득 찬 격이 되어 인생의 전반기는 비록 다행하다 해도 중·후기부터는 액운이 많이 따른다. 그러나 큰 화액은 없고 다만 뇌일혈 등 급환이 내습할 우려가 있다.

● 지격(地格) 화(火), 대길(大吉)

수하 사람들의 도움으로 안정을 얻고 재화를 모면한다. 선고후락(先苦後樂)의 격이라 처음은 고생스러워도 나중에는 즐거움이 따르는 운격이라 점차적으로 향상 발전하여 소기의 목적을 달성하고 재물도 모을 수 있다. 여자는 남다른 매력을 지니는 특징이 있다.

● 천격(天格) 화(火), 대길(大吉)

조상의 음덕과 손윗사람들의 도움을 받고 순탄하게 성공하여 별 어려움을 모르고 편안하게 장수를 누리는 대길의 운격이다. 간혹 다른 격과의 배합이 불길하면 중단되는 수도 있다.

● 지격(地格) 토(土), 길(吉)

일생을 무난하게 편안을 누리는 길격이기는 하나 천격(天格)이 토(土)일 경우에는 사람이 용렬하고 활발성이 없다. 그래서 남자는 가족과 헤어지기도 하고 또 여자는 정조 관념이 불순하기도 하다.

● 천격(天格) 토(土), 길(吉)

성격이 묵중하고 다소 우둔해 보여도 근면 성실하여 사람들과 쉽게 잘 사귀고 또 쉽게 잘 헤어지기도 한다. 그리하여 성공이 지연되기도 하나 대체로 별 근심없이 편안하게 행복을 누리는 길격이다.

● 지격(地格) 금(金), 반길(半吉)

다소 소극적인 성향이 있기는 하나 매사 하는 일이 철저하고 세밀하여 실수가 없고 신빙성과 안정감이 있다. 그래서 실패를 모르고 향상 발전하여 쉽게 목표를 달성한다. 다만 중년 후기에 간혹 부부의 인연이 변할 수가 있어서 흠이다.

● 천격(天格) 금(金), 대길(大吉)

별 장애 없이 순조롭게 성공하여 소기의 목적을 달성하고 편안하게 행복을 누리면서 향상 발전하는 대길의 운격이라 가문도 융창하여 경사가 중중하다.

● 지격(地格) 수(水), 대흉(大凶)

인격(人格)이 지격(地格)을 극제하여 불안정하다. 하는 일도 제대로 성취되는 것 없이 설상가상(雪上加霜)으로 재화만 속출하여 급변(急變) 전락(轉落)하는 흉격이다. 하루아침에 재산과 건강을 상실할 수도 있고, 또한 소화기 계통의 질환과 뇌일혈 등 액환의 우려가 있다.

● 천격(天格) 수(水), 반길(半吉)

완고한 고집이 남의 권고를 듣지 않고 자존심과 허영심 때문에 과실을 숨기려다 장애만 거듭되어 성공하기가 어렵다. 그러나 간혹 난관을 극복하여 성공하기도 한다.

(4) 인격(人格)이 금(金)일 때

● 지격(地格) 목(木), 흉(凶)

성정이 민감하고 의심이 많다. 외관상 보기에는 안정되게 보여도 그 실상 내면적으로는 변화가 빈번하여 늘 불안정하다. 그리고 평소 어떤 난관을 극복하지 않으면 토대가 무너지는 수 있다.

● 천격(天格) 목(木), 흉(凶)

표정의 변화가 작고 과묵한 성향이 한번 어려우면 또 어려움이 닥치게 되어 고난과 심신의 과로 때문에 늘 편안하지 못하다. 간혹 특별히 노력하고 성실하게 매진하여 상당한 성공을 거둔 사람도 있다.

● 지격(地格) 화(火), 흉(凶)

환경이 불안정하고 수하 사람들의 강압을 받는다. 유혹에 잘 빠지고 생각과 결심에 변동이 많으며 하는 일에 부침이 심하면 자포자기(自暴自棄)하여 만년에까지 흉하다.

● 천격(天格) 화(火), 흉(凶)

성공운이 억압되어 하는 일이 제대로 잘되는 게 없어 항시 불평과 불만이 가득 차 있다. 그리고 건강적인 측면에서도 내과 질환에 이환(罹患)되기가 쉽다. 간혹 성실히 노력하여 성공하는 수도 있다.

● 지격(地格) 토(土), 대길(大吉)

기초가 안정되고 환경이 좋으며 몸과 마음이 편안하다. 수하 사람들의 협조를 받아 크게 성공할 수도 있다. 여자도 이름을 떨칠 수 있는 좋은 격이 된다.

● 천격(天格) 토(土), 대길(大吉)

손윗사람들로부터 혜택이 주어지고 몸과 마음이 모두 편안하다. 평소 성실히 노력하여 크게 성공 발전할 수도 있으나 크게 성공한 가운데 간혹 슬퍼질 수가 있기도 하다.

● 지격(地格) 금(金), 흉(凶)

재치도 있고 지능도 우수하나 성품이 지나치게 강건하여 동화력(同和力)이 부족하고 대인관계가 원만하지 못하다. 그래서 불화, 비난, 고독, 조난 등의 액화수가 따르게 된다.

● 천격(天格) 금(金), 흉(凶)

성질이 지나치게 강건하여 대인관계에서 늘 불화를 불러일으키고 재화를 유발한다. 그래서 비난, 조난, 병액 등의 액화가 수반되어 불길한 운격이 된다. 그러나 다만 지격이 토(土)가 되면 흉한 것이 변해서 좋은 운을 조성하기도 한다.

● 지격(地格) 수(水), 대흉(大凶)

경영하는 일마다 자승자박(自繩自縛) 격이 되어 성공과 평안을 얻기가 어렵고 급변, 파란, 몰락 등 비운이 내재되어 간혹 평온한 가운데서도 뜻하지 않은 흉화가 야기되기도 한다.

● 천격(天格) 수(水), 대길(大吉)

성격은 명랑하고 하는 일이 뜻과 같이 성취되어 별 어려움 없이 발전 성공하는 대길한 운격이다. 간혹 재혼수와 불의의 재화를 겪은 이도 있기는 하지만 길격으로 친다.

(5) 인격(人格)이 수(水)일 때

● 지격(地格) 목(木), 반길(半吉)

기반이 안정되고 몸과 마음이 건전하여 성공을 기약할 수 있으나 다만 불의에 전락(轉落) 좌절하는 수가 있으며 또한 폐(肺), 신장계통 등의 질환에 이환(罹患)되기가 쉽다.

● 천격(天格) 목(木), 반길(半吉)

대외적으로는 순조롭게 성공을 이룩하나 이와 달리 가정적인 운이 박약하다. 그리고 수리(數理)가 흉하면 초년이나 만년에 재화가 발생하는 수 있다.

● 지격(地格) 화(火), 대흉(大凶)

성격이 지나치게 민감하여 매우 신경질적이다. 뜻밖에 돌연히 발생하는 액난, 급변, 급화 등의 흉화가 있다. 다만 수리(數理)가 모두 음수(陰數: 짝수)일 때는 심장병에 이환되기가 쉬우나 생명에는 별 염려가 없다.

● 천격(天格) 화(火), 흉(凶)

상사에게 순종하는 복종심이 없이 반항의식이 팽배하여 사회적으로 악평을 받고 외롭다. 간혹 견고한 의지로 성공하는 수도 있으나 대개 곤궁하고 급난(急難), 병액(病厄) 등에 빠지는 수가 많다.

● 지격(地格) 토(土), 흉(凶)

성격이 오만하고 자신을 과대평가하여 일생에 변화가 많고 불안하다. 외관상 보기에는 안정되게 보여도 기실 내면적으로는 늘 불안하다. 수시로 실망과 역경이 따르고 또한 급변의 징후도 있다.

● 천격(天格) 토(土), 흉(凶)

남보다 성실하고 노력은 많이 하나 공덕은 간데없고 재난과 조소만 따르니 일생을 불평과 불만으로 세상을 원망하며 지내야 하는 불길한 운격이다. 그리고 또한 급변의 재화수도 따른다.

● 지격(地格) 금(金), 반길(半吉)

기반이 견고하여 재물도 모으고 주변 사람들로부터 가위 부자라는 소리를 듣기도 한다. 한 가지 언어와 행동에 조화를 이루지 못하고 불평과 불만이 생기고 간혹 뜻밖에 두 번 결혼하거나 병액(病厄)을 겪을 수도 있다.

● 천격(天格) 금(金), 반길(半吉)

조상의 음덕과 의외의 원조를 받게 되어 쉽게 희망과 목적을 달성할 수 있으나 한 가지 가정이 늘 편안하지 못하다. 만일 그렇지 않으면 본신이 병약하여 늘 시름에 빠져드는 수도 있다.

● 지격(地格) 수(水), 반길(半吉)

한때 크게 성공하여 이름도 떨치고 세도도 누린다. 그러나 오래 가지를 못하고 종내는 고독과 병액에 빠져들어 일장춘몽(一場春夢)

격으로 전락하는 수도 있다. 간혹 천격이 목(木)일 경우 큰 부자(富者)로 성공하는 수도 있다.

● 천격(天格) 수(水), 반흉(半凶)

자신을 지나치게 믿고 백사에 능력을 초과하거나 과분한 행동을 자행한다.

간혹 대성 발전하기도 하나 변화가 빈번하여 황망하게 실패하는 수가 많다. 다만 지격(地格)이 목(木)일 때는 의외로 큰 부자라는 소리를 들을 경우도 있다.

8.내외운(內外運) 일람표

(1) 인격(人格)이 목(木)일 때

● 외격(外格) 목(木), 길(吉)

성격이 솔직, 담백하고 안전성이 있다. 지구력과 참을성이 있고 말없이 실천하는 노력형으로서 크게 발전한다. 다만 시기심이 뛰어나 처세상 대인관계에 불리함이 있다.

● 외격(外格) 화(火), 반길(半吉)

외관상 보기에는 그저 편안하고 즐겁게 보이나 기실 내면적으로는 늘 불안하다. 평소 남보다 많은 노력은 하나 노력한 만큼 소득이 따르지 못한다. 그러나 타격이 양호하면 크게 성공할 수도 있다.

● 외격(外格) 토(土), 길(吉)

말없이 솔선수범하는 실행의 타입이라 노력한 만큼 소득도 따르고 성실하여 크게 성공한다. 다만 남을 낮춰 보고 자신을 과대평가하는 경향이 있다.

● 외격(外格) 금(金), 길(吉)

성품이 겸손하고 예의를 중시하는 형이다. 남을 위하여 자신을 희생하기도 하여 주위로부터 존경과 신망을 얻고 이로 말미암아 대성 발전한다.

● 외격(外格) 수(水), 대길(大吉)

기능 계통이나 예능 방면에 뛰어나 그 재능으로 성공 발전한다. 뜻하지 않은 혜택과 도움을 받으면서 한 걸음 한 걸음 순조롭게 성취하는 운격이다.

(2)인격(人格)이 화(火)일 때

● 외격(外格) 목(木), 반길(半吉)

인화성이 좋아서 쉽게 이성에게 접근하고 동화한다. 그러나 외관상 보기에는 좋아도 내면적으로는 노고가 많고 무슨 일을 실력으로 하려 들지 않는 결함이 있다. 그리고 간혹 외격의 수리가 좋으면 귀인의 도움을 받아서 풍운아적인 인물이 되기도 한다.

● 외격(外格) 화(火), 흉(凶)

성정이 지나치게 조급하여 남과 쉽게 친화하지 못하고 비난과 공격을 받는다. 또한 자기의 주장만 앞세우고 강행하려드니 제대로 잘되는 것이 없다. 다만 선천운(先天運) 가운데 화(火)가 없을 경우 이 운으로 보완을 하면 좋으나 그 외에는 다소 편안을 얻을 수도 있다.

● 외격(外格) 토(土), 길(吉)

근면 성실한 성품이 너무 솔직하여 간혹 오해를 받기도 하나 사필귀정(事必歸正)이라 곧 해명이 되면서 상부상조하고 대성 발전한다.

● 외격(外格) 금(金), 흉(凶)

생각은 단조롭고 행동이 경박하여 허물을 잘 뒤집어쓰고 실패를 자초한다. 매사에 끝맺음이 분명하지 못하면서 허영심만 강하다. 간혹 한때 성공을 해도 종내에 가서는 실패하게 된다. 그러나 인격과 외격의 수리(數理)가 길하면 상당한 성공을 이룩할 수도 있다.

● 외격(外格) 수(水), 흉(凶)

내성적인 성품이 남들과 잘 융화를 못 이루고 사회적 활동이나 경영하는 사업 등 백사가 부진하다. 또한 신병의 우려도 있고 주색을 너무 좋아하여 몸이 상할까 두렵다. 색정(色情)에 대한 주의가 요망된다.

(3) 인격(人格)이 토(土)일 때

● 외격(外格) 목(木), 반길(半吉)

여성에게는 애교가 넘치는 매력이 있으나 남자에게는 이와 달리 고충이 많이 따르기도 한다. 마음이 어질고 남을 사랑하면서 돌아보는 미덕을 지니게 되어 특별히 인격과 외격의 수리가 좋으면 상당한 성공을 거두기도 한다.

● 외격(外格) 화(火), 길(吉)

처세술이 원만하여 쉽게 이성에게 접근하여 동화하고 사회적으로 협조와 지원을 받아 크게 발전 성공한다. 다만 소극적인 성품과 결단력이 부족하고 방임성(坊任性)이 농후하여 흠이기도 하다.

● 외격(外格) 토(土), 길(吉)

사회적인 처세술과 대인관계의 친화성은 좋으나 의지가 박약하고 결단성이 부족하다. 다만 타격의 수리(數理)와 천(天), 인(人), 지(地)의 삼재배합(三才配合)이 양호하면 상당한 성공을 성취할 수도 있다.

● 외격(外格) 금(金), 흉(凶)

대인관계는 비교적 원만하고 친절한 편이나 요령이 부족하여 타인의 호감을 얻지 못한다. 비교적 손재수가 많고 또한 사기(詐欺)를 당하기가 쉽다. 간혹 인격과 외격의 수리가 양호하면 일시적인 평온은 유지한다.

● 외격(外格) 수(水), 흉(凶)

가정과 인연이 빈약하고 타인과도 화합하지를 못한다. 다만 처세에 원만하고 화평을 유지하면 타인의 숨은 방해를 면하게 된다. 간혹 이 격에서 풍운아적인 인물이 배출되기도 한다.

(4) 인격(人格)이 금(金)일 때

● 외격(外格) 목(木), 흉(凶)

어떤 일을 경영하는 데 이해를 돌보지 아니하고 말과 행동에도 생각 없이 마구하여 스스로 화를 자초하게 된다. 또한 부모에게도 아무 생각 없이 자극을 주게 되어 불효하게 된다.

● 외격(外格) 화(火), 흉(凶)

매사에 집념이 너무 강하고 대인관계에서도 화합을 이루지 못하여 지탄의 대상이 되고 호감을 얻지 못한다. 간혹 신병이나 조난 등으로 기인하여 몰락하기도 하는데 다만 인격과 외격의 수리가 양호하면 다소 평안을 얻을 수도 있다.

● 외격(外格) 토(土), 대길(大吉)

인품이 건실하고 침착하며 활동성도 기민하고 왕성하여 대성 발전한다. 다만 남과 잘 타협할 줄 모르는 것이 흠이다.

● 외격(外格) 금(金), 흉(凶)

성격이 매우 풍류적이면서도 분투심(奮鬪心)이 강하다. 그리고 가정과도 인연이 엷고 타인과도 잘 충돌하여 지탄을 받으며 종내에는 고독에 빠져든다.

● 외격(外格) 수(水), 흉(凶)

외관상으로는 좋아 보여도 내면적으로는 공허하다. 남을 사랑할 줄 모르고 거짓말을 좋아하여 종내에는 실패한다. 간혹 여자 관계로 어려움을 겪을 수도 있다.

(5) 인격(人格)이 수(水)일 때

● 외격(外格) 목(木), 대길(大吉)

말과 행동이 일치하고 건실하여 신망을 받는다. 작은 일이라도 심사숙고하여 하자가 없고 순조롭게 대성·발전하여 소기의 목적을 달성하고 늘 태평스럽고 여유가 있다.

● 외격(外格) 화(火), 길(吉)

일생을 살아가는 데는 다소의 곤란이 있을 수 있다. 그러나 슬기롭게 잘 처리하고 만난을 타파하면서 대성·발전하여 크게 성공한다.

● 외격(外格) 토(土), 길(吉)

인품은 담대하지 못하나 하는 일이 주밀하고 지혜롭다. 침착하게 한 걸음 한 걸음 단계적으로 점진하고 남다른 근면성(勤勉性)으로 크게 성공한다.

● 외격(外格) 금(金), 길(吉)

자기의 주장만 앞세우고 남의 의견을 수용할 줄 몰라서 말싸움을 많이 한다. 남의 지배를 극히 싫어하고 상위자리만 차지하려 하는 것이 흠이라면 흠이다. 그래도 성공은 가능하여 길격이다.

● 외격(外格) 수(水), 길(吉)

내성적인 성품이기는 하나 재운이 좋아서 크게 발전 성공할 수 있다. 간혹 이 격에서 대부호가 배출되기도 한다.

9. 삼재(三才)의 오행배치(五行配置)

천(天)·인(人)·지(地) 삼재(三才)의 오행배치는 성명의 중추적 역할을 하며 일생의 성불성(成不成)을 좌우하는 중요한 작용을 한다.

천·인·지 삼재의 오행 배합이 좋으면 설사 각격의 수리(數理)가 불길하다 해도 이를 상당히 완화할 수 있다. 그러나 이와 반대로 오행의 배합이 불길하면 각격의 수리가 비록 다 좋아도 성공과 행복을 기약하기가 어렵다. 따라서 오행의 삼재 배합은 수리(數理) 이상의 영도력(靈導力: 작용력)을 발휘하고 있으니 성명 감정에 가장 많은 비중을 두어야 할 사항이다.

삼재오행(三才五行)의 영도력(靈導力)

● 목목목(木木木), 길(吉)

[특성] 성품이 온건하고 성실하며 지혜 또한 총명하고 지구력도 있으나 다만 외유내강(外柔內剛)한 기질이 남자답게 활발하지를 못하다.

[운세] 기초가 안정되어 경영하는 사업이 순조롭게 향상 발전하여 소기의 목적을 달성하고 성공한다.

가정도 원만하고 자녀들이 유순하며 일신도 건강하여 일생을 무병하게 영화로운 복록을 누릴 수 있다.

다만 각격의 수리가 흉하면 제삼자의 방해수(妨害數)가 야기되기도 한다.

● 목목화(木木火), 길(吉)

[특성] 성격이 온순하고 착실하며 지혜 또한 총명하다. 외유내강(外柔內剛)한 성품이 감수성만 강하고 도량이 넓지를 못하여 희로애락(喜怒哀樂)의 정감이 극단적으로 표현되기도 한다.

[운세] 기초가 안정되고 경영하는 일들이 뜻과 같이 순조롭게 성취되어 번영과 행복을 누린다.

가정도 화목하고 자녀들도 대성하여 영화롭다. 본신도 일생을 건강하게 장수하면서 명예도 함께 누리는 좋은 격이 된다.

● 목목토(木木土), 길(吉)

[특성] 성품이 온화하고 지혜가 총명하며 재치가 있다. 외유내강(外柔內剛)하면서도 친근감이 있고 사교성이 좋다. 신용도 두텁고 주위 사람들로부터 존경을 받는다.

[운세] 기초가 안정되어 경영하는 일들은 순조롭게 성공하고 대성

발전하여 편안하게 행복을 누린다. 가정도 화목하고 자녀들도 유복하며 일신도 건강하여 장수를 한다.

● 목목금(木木金), 흉(凶)

[특성] 성품은 정직하고 친절하며 의리를 중히 여기기는 하나 다만 완고한 고집이 사람을 업신여기고 사교성이 졸렬하여 타인의 반감을 사게 된다.

[운세] 성공운이 있기는 하나 항상 모략과 박해가 따르고 유동(流動)과 변화(變化)가 빈번하여 늘 불안정하다. 가끔 수하 사람으로부터 위협과 손실을 당하고 괴로움을 겪게 되는 불안정한 운격이다.

가정도 불목하고 자녀들이 불효하며 일신은 병약(病弱)하여 신병(身病)으로 고생을 하는데 특히 내과 질환에 각별한 주의가 필요하다.

● 목목수(木木水), 흉(凶)

[특성] 성격은 온순하면서 착실하고 노력을 많이 하는 성실한 타입이다. 감수성이 강하고 열정적이며 이해심도 많다.

[운세] 일시적인 호운(好運)으로 순조롭게 발전 성공하여 외관상으로는 안정되게 보여도 내면적으로는 그렇지 못하다. 세월이 흘러 한 번은 크게 실패를 당하는 수도 있다.

가정은 원만하고 자녀들도 효순하나 일신이 뜻을 상실하고 번민하는 가운데 병약하거나 아니면 동서남북 유랑하는 불안정한 징조가 있다. 그리고 특히 신장 질환에 주의가 요망된다.

● 목화목(木火木), 길(吉)

[특성] 감수성이 예민하여 희노애락(喜怒哀樂)이 극단으로 표현된다. 마음씨도 착하고 친절하며 여성은 부드럽고 온화하여 매우 매력적이다.

[운세] 부모의 여덕(餘德)과 상하(上下)의 도움을 받아 기초가 튼튼하여 순조롭게 발전 성공하는 좋은 운격이다. 지위와 재산이 안정되고 가정도 화목하여 부부가 유정하고 자녀들도 유순하면서 효도를 한다. 일신도 많은 사람들로부터 존경받고 몸과 마음이 편안하여 장수를 누린다. 다만 여색에 각별한 주의가 필요하다.

● 목화화(木火火), 중길(中吉)

[특성] 감수성이 예민하여 희노애락(喜怒哀樂)의 감정을 극단으로 표현한다. 범사에 과단성이 있고 사리가 분명하며 투지력도 대단하다. 다만 조급한 성격이 너무 성을 잘 내는 것이 흠이다.

[운세] 부모의 여덕과 세업으로 별 어려움 없이 성공한다. 다만 참고 견디는 힘이 부족하여 경영하는 일에 실패를 하고 어려움을 겪기도 한다.

가정은 비교적 원만하고 불행함이 없으나 다만 일신이 병약하여 심장질환, 고혈압 등에 이환되기가 쉽다. 그리고 여자 때문에 어려움을 겪을 수도 있으니 각별한 근신이 요망된다.

● 목화토(木火土), 길(吉)

[특성] 온화한 성품이 친절하고 감수성이 강하며 매사에 매우 열정적이다. 대인관계가 원만하고 사교성도 우수하다.

[운세] 부모의 여덕과 상하의 도움으로 기반이 건실하고 경영하는

일들도 순조롭게 대성·발전하여 성공하고 행복을 누리는 좋은 운격이다.

가정이 화목하고 자녀들이 효순하며 일신도 건강하고 무병장수하는 길격이다.

● 목화금(木火金), 흉(凶)

[특성] 희로애락(喜怒哀樂)의 감정이 극단적으로 표현되는 예민한 성격이다. 허영과 풍류적인 기질로 실속없는 허풍상이다.

[운세] 부모의 세업과 손윗사람들의 도움으로 순조롭게 일시적인 성공은 기할 수 있으나 오래가지를 못한다. 외관상으로는 평온하게 보여도 내면적으로는 공허하고 항상 불안하다. 수하로부터 손실을 당하고 괴로움을 겪으면서 신병으로 고생을 한다.

가정도 화목하지 못하고 자녀들 또한 불행하여 풍파가 끊이지 않는 피곤한 운격이다.

● 목화수(木火水), 흉(凶)

[특성] 강렬한 성격으로 남달리 투쟁심이 강하여 다투기를 좋아한다.

[운세] 선부후빈(先富後貧: 처음은 부(富)해도 나중에는 가난함)격이라 일시적인 성공으로 처음은 부(富)해도 뒤는 가난하다.

장상(長上)의 혜택은 있으나 기초가 불안정하고 불의의 재난과 또한 수하들과의 불목으로 재산을 상실당할 수 있다.

부부는 무정하고 자녀와도 화목하지 못하며 일신은 고독하게 전전하면서 고난을 겪게 된다. 특히 신병에 각별한 주의를 경주해야 한다.

● 목토목(木土木), 흉(凶)

[특성] 모든 일에 호기심은 대단하나 쉬 시들고 주관과 침착함이 없는 의지박약한 형이다.

[운세] 부모와 인연이 엷고 형제들과도 흩어져 살며 자녀 또한 무덕하고 부부도 화목하지를 못하며 고독하게 신고(辛苦)를 겪는 운격이다. 백사가 계획대로 되는 것이 없으니 성공하기가 어렵다. 경영하던 사업도 변화가 많이 따르고 주거의 이동도 빈번하다.

일신은 병약하여 위장, 호흡기, 신경쇠약 등 질환으로 고생을 겪을 염려가 있다.

● 목토화(木土火), 중길(中吉)

[특성] 모든 일에 호기심은 대단하나 의지가 박약하여 관철을 하지 못한다. 그러나 때로는 인내력을 발휘하기도 한다.

[운세] 각격의 수리(數理)와 선천운(先天運)이 좋으면 소기의 성공과 발전을 기약할 수 있는 운격이다. 항시 불평과 불만이 끊이지 않으나 대체로 재액은 피하고 평범하게 현상은 유지하는 중길수(中吉數)로 친다.

가정적으로 부모는 무덕하나 부부는 원만하고 자녀 또한 효도를 한다. 다만 일신은 신병이 염려되니 건강에 항시 유의해야 한다.

● 목토토(木土土), 흉(凶)

[특성] 성품이 온순하고 신중하기는 하나 다만 내성적인 기질이 쉽게 남의 선동(煽動)에 잘 움직인다.

[운세] 성공과 발전운이 억압되어 큰 뜻을 펴 보지도 못하는 운격

이다. 사업은 부진하여 재산을 탕진하고 부모와 불목하며 불평과 불만이 항시 가득 차 있다. 다만 자녀들이 효도를 하여 대체로 평범을 유지하나 부부가 화목하지 못하여 불행한 일들이 자주 발생한다. 그리고 일신은 내과 질환에 이환되기가 쉬우니 항시 건강에 유의해야 한다.

● 목토금(木土金), 흉(凶)

[특성] 성격은 자상하나 남자다운 담력이 없고 활발하지 못하여 매사에 너무 소극적이다.

[운세] 성공과 발전운이 미약하여 크게 성취되는 것이 없다. 초년에는 일시적인 성공을 이룩하여 대체로 안정을 기하나 육친이 무덕하고 환경이 불안정하여 부모와 헤어지고 타향에서 외로이 전전하다가 위장 질환으로 신고를 겪게 된다.

다만, 자녀의 운이 양호하여 안정을 기할 수 있다.

● 목토수(木土水), 흉(凶)

[특성] 남자다운 담력이 없고 의기소침하여 보수적이기는 하나 친절 하다. 그러나 사교성이 졸렬하여 원한을 자초하는 기괴한 운격이다.

[운세] 자주 변하는 괴이한 운이 유발되어 크게 성공하기는 어렵다. 급변전락(急變轉落)하는 불안의 수도 있고 항상 불평과 불만에 가득 차 있다.

가정적으로 부모는 무덕하고 자녀 또한 불행하며 일신은 일생을 고적하게 신병으로 고생을 겪게 되는 흉격이다. 특히 신약하니 건강에 유의를 해야 한다.

● 목금목(木金木), 흉(凶)

[특성] 온화한 성품이 인정미가 있고 친절하며 의협심도 투철하나 너무 고집이 지나쳐 사교성이 폭넓지 못하다.

[운세] 큰 발전성이 없고 성공운이 불왕하여 백사 제대로 성공하는 것이 없다. 표면상으로는 안정되게 보여도 내면적으로는 공허하여 애로가 많다. 가정도 불행하고 자녀들을 너무 엄격하게 다루는 경향이 있으며 일찍이 타향에서 고생을 하다가 불구의 몸이 되기도 하는 위험 수도 있다.

● 목금화(木金火), 흉(凶)

[특성] 성격은 과묵한 편이나 세상 물정과는 잘 통하지 않고 자중함이 없이 언행을 함부로 자행하여 천시를 당한다.

[운세] 기초가 불안정하고 계획성이 없이 함부로 일들을 시작하여 심신이 피로하고 과분한 언쟁이 정신적 변화를 야기하여 만년이 좋지 못하다.

가정적으로도 불행하여 자녀들이 불효 무덕하고 일신은 신병으로 고생을 하다가 자칫하면 불행하게 단명·변사 등의 흉화도 겪을 수 있다.

● 목금토(木金土), 중흉(中凶)

[특성] 성격은 과묵하고 말수가 적은 편이나 심중에는 항상 불평과 불만이 가득 차 있다.

[운세] 주변 환경과 여건이 안정되어 일시적인 성공은 기약할 수 있으나 성공운이 미약하여 곧 불행을 초래한다.

가정은 비교적 화목하고 자녀들도 효순하나 일신이 병약하여 고생을 한다.

● 목금금(木金金), 흉(凶)

[특성] 성격은 과묵하고 지혜도 총명하나 자신을 과대평가하고 오만하여 세인의 비난과 배척의 대상이 된다.

[운세] 과격한 성격이 친화를 모르고 논쟁을 일삼아 성공하기가 어렵다. 그래서 일생이 고독하고 조난이나 파란 등의 불행이 따르는 운격이다.

부모에게도 불효하고 자녀와도 다툼이 많다. 집안은 늘 어지럽고 일신은 심신이 불안하여 병들기가 쉽다.

● 목금수(木金水), 흉(凶)

[특성] 과묵한 성품이 말수가 적은 편이나 늘 심정이 불안정하다.

[운세] 성공운이 불왕하여 노력한 만큼 소득이 따르지 않는다. 초년에는 세업으로 별 어려움 없이 발전하다가 중도에 실패를 하고 종내에는 비운에 빠져들어 늘 불안 속에서 번민하게 된다.

안으로는 자녀들에게도 노고가 따르고 또한 일신에게는 뇌일혈 등 조난의 액수도 있다.

● 목수목(木水木), 길(吉)

[특성] 성격이 온순하면서 매우 열정적이다. 수상을 존경하고 수

하를 사랑하는 정감이 남다르다.

[운세] 환경이 안정되어 순조롭게 성공 발전하는 길격이다. 가정이 화목하고 자녀들도 유덕하여 몸과 마음이 편안하다. 만일 각격의 수리가 흉수이면 가정이 불안하여 번민을 하고 이환(罹患)되기가 쉽다. 이와 달리 수리가 다 좋으면 더욱 대업을 성취하고 크게 발전 성공한다.

● 목수화(木水火), 흉(凶)

[특성] 성정이 지나치게 민감하고 매우 신경질적이다.

[운세] 한때 순조롭게 발전 성공할 수도 있으나 기초가 불안정하여 뜻하지 않은 재난으로 급변하여 불행에 빠져든다.

가정도 불행하여 부부는 이별할 수도 있고 자녀 또한 불행하다. 일신은 실의에 빠져 외롭게 전전하다가 신병으로 고생하는 흉격으로 친다.

● 목수토(木水土), 흉(凶)

[특성] 자기의 역량을 헤아리지 못하고 오만 방자하여 주위의 비난을 받고 배척을 당한다.

[운세] 처음은 부모의 세업으로 안정을 누리다가 중도에서 거듭 실패를 한다. 부모와 형제의 우애는 없어지고 부부는 이별하며 자녀 또한 무덕하여 일생을 고독하게 전전하다가 신병으로 고생만 하는 흉격이다.

● 목수금(木水金), 중길(中吉)

[특성] 심성(心性)은 어질고 착하나 주의력이 부족하고 범사를 소홀히 다루는 경향이 있다.

[운세] 부모의 세업으로 자산과 명예를 함께 얻는 운격이다. 상생(相生)중 천격(天格)과 지격(地格)이 상극되어 각격의 수리가 불길하면 불행을 초래하고 실패를 한다. 다만 각격의 수리가 적절하면 대업을 성취하여 가정도 원만하고 자녀들도 효순하여 일생이 평안하다.

● 목수수(木水水), 중길(中吉)

[특성] 성격이 변덕스럽고 인색하며 이기적이고 재물에 대한 욕심이 너무 많다.

[운세] 부귀와 명예를 함께 누리는 운격이기는 하나 변괴운(變怪運)이 개재되어 각격의 수리가 불합리하면 파란과 변화, 파산 등 흉수를 내포하여 사업은 가급적 자주 독립하는 것이 이롭다.

가정은 육친이 무덕하고 일신은 고독하다. 간혹 이 격에서 대 부호(富豪: 큰 부자) 또는 장수(長壽)가 배출되기도 한다.

● 화목목(火木木), 길(吉)

[특성] 외유내강(外柔內剛)한 성품이 성실하게 남보다 노력은 많이 한다. 다만 소심한 성격이 남과 잘 다투는 흠이 있다.

[운세] 부모의 유덕과 세업으로 기반이 안정되고 상사의 도움을 받아 순탄하게 목적을 달성하고 발전 성공한다.

가정적으로도 행복하여 부모가 유덕하고 자녀들이 효순하며 일신도 무병하여 장수하고 영화를 누리는 대 길격이다.

● 화목화(火木火), 길(吉)

[특성] 근면 성실하고 남보다 많이 노력하는 형이기는 하나 외유내강(外柔內剛)한 성품이 남과 다투기를 잘하여 흠이다.

[운세] 대체로 성공운이 순조롭고 또한 성실한 노력으로 별 어려움 없이 순탄하게 향상, 발전하여 크게 성공한다.

가정도 화목하고 일신도 건강하여 무병장수하면서 영화를 누리는 길격이다.

● 화목토(火木土), 길(吉)

[특성] 성품이 너그럽고 원만하여 대인관계가 좋다. 그리고 사교성이 뛰어나 여난(女難)의 피해 수가 따르기도 한다.

[운세] 부모의 여덕과 세업으로 기반이 건실하여 순조롭게 성공하고 부귀와 영화를 누리는 길격이다.

가정도 화목하고 자녀들도 효순하며 일신도 건강하여 장수를 한다. 다만 호색(好色)으로 기인하여 여난(女難)의 피해 수가 있으니 근신이 요망된다.

● 화목금(火木金), 흉(凶)

[특성] 외유내강한 성품이 신경은 과민하면서 박력이 없다. 범사 시작은 화려해도 끝맺음이 없는 유시무종(有始無終)의 타입이다.

[운세] 일시적인 성공과 발전은 기할 수 있으나 뜻하지 않은 수하들의 박해를 당하고 환경의 변화로 실패를 한다.

가정도 불행하여 자녀들이 불효하고 집안을 어지럽힌다. 일신은 동분서주(東奔西走)하면서 심신이 과로하여 흉부에 병이 들 염려가 있다.

● 화목수(火木水), 흉(凶)

[특성] 수생목(水生木), 목생화(木生火), 상생(相生) 중 천격(天格)과 지격(地格)이 상극(相剋)되어 변괴운(變怪運)을 내포하고 있다. 외유내강(外柔內剛)한 성품이 노력도 많이 하고 인내력도 있으나 시기심이 강하고 남과 다툼이 많다.

[운세] 일시적인 약간의 성공과 발전은 있으나 천격(天格)과 지격(地格)이 상극(相剋)되어 불의의 재화가 발생하고 허황하게 실패를 하는 변괴운이 있다.

가정적으로도 부모는 유덕하나 자녀들에게는 노고가 많이 따르고 일신은 신병으로 고생을 겪게 된다.

● 화화목(火火木), 길(吉)

[특성] 성품이 상냥하고 인정이 있으며 대인관계가 원만하여 주위 사람들로부터 호감을 받는다. 여자는 매우 매력적인 타입이 된다.

[운세] 기반이 건실하고 또한 수하 사람들의 도움으로 만사가 뜻과 같이 성취되는 대길한 운격이다. 남과 같이 공동사업을 해도 유리하고 독자적인 사업을 경영해도 지위와 재산이 보전되고 크게 성공한다.

가정도 화목하고 자녀들이 효순하며 일신은 건강하여 편안하게 장수를 누리는 길격이다.

● 화화화(火火火), 중길(中吉)

[특성] 강건한 성품이 과단성 있고 열정적이기는 하나 인내심이 부족하고 너무 조급하여 폭발적인 것이 흠이다.

[운세] 불안정한 운격이 되어 일시적인 성공과 발전을 기할 수 있으나 다만 기초가 허약하고 인내성이 부족하여 크게 성공하기는 어렵다.

가정도 원만하지 못하고 일신도 심신이 피로하여 이환(罹患)되기가 쉽다.

● 화화토(火火土), 중길(中吉)

[특성] 온화하고 침착한 성품이 수양을 쌓은 사람처럼 고상하여 처음 대할 때는 좋아도 뒤가 좋지 못하다.

[운세] 일시적인 성공과 발전을 기하여 외관상으로는 화려해 보여도 내면적으로는 고충이 많다. 불의의 재난으로 비운에 빠져드는 수 있고 부모와도 인연이 없어 일찍 자수성가(自手成家)한다. 특히 한눈 팔지 않도록 외정(外情)을 조심해야 한다.

● 화화금(火火金), 흉(凶)

[특성] 성격은 조급하면서도 풍류적이다. 허식과 허영이 많고 여자를 너무 좋아하여 흠이 된다.

[운세] 일시적인 성공을 이룩하여 외관상으로는 평온하게 보여도 내면적으로는 그렇지 못하다. 수하로부터 손재를 당하여 유종의 결실을 거두지 못하고 실패를 한다.

가정도 화목하지 못하여 다툼이 많고 자녀들도 현명하지 못하다. 일신은 고적하고 심신이 과로하여 호흡기 질환에 이환되기가 쉽다.

● 화화수(火火水), 흉(凶)

[특성] 조급한 성격이 매우 신경질적이다. 남자다운 담력도 없고 의지가 박약하며 너무 세밀하다.

[운세] 일시적인 성공은 이룩할 수 있으나 불안정한 운격이 되어 불의의 재화와 급변으로 몸과 재산을 함께 상실하는 수 있다.

가정도 화목하지 못하고 일신은 타향에서 전전하다가 신병으로 고생을 하기가 쉽다.

● 화토목(火土木), 중흉(中凶)

[특성] 성격이 온후하고 아량이 있으며 대인관계가 원만하고 친절하다.

[운세] 부모의 유덕과 세업으로 별 어려움 없이 한때 성공 발전한다. 그러나 중년 말부터 환경의 변화가 빈번하여 하는 일마다 제대로 성취되는 것 없이 재산을 흩뜨리고 종내에는 실패를 한다. 그러나 의식은 걱정 없고 가정도 원만하다. 다만 자녀에 대한 덕이 없고 일신이 병약하여 건강이 염려된다.

● 화토화(火土火), 길(吉)

[특성] 성정이 온후하고 아량이 넓으며 대인관계가 원만하고 친절미가 있다.

[운세] 부모의 여덕과 세업으로 기반이 안정되고 경영하는 일마다 의외의 성공을 이룩한다. 가정도 화목하고 자녀들도 효순하며 일신은 건강하게 무병장수하는 길격이다.

● 화토토(火土土), 길(吉)

[특성] 성품이 원만하고 노력형이다. 의리와 믿음으로 인화(人和)를 잘하고 신임을 얻는다.

[운세] 부모가 유덕하고 재운이 왕성하여 하는 일들이 순조롭게 이룩되어 대업을 성취하고 상당한 발전과 행복을 누리는 길격이다.

가정은 화평하여 부부는 유정하고 자녀들 또한 유덕하다. 일신도 건강하여 무병장수를 누린다.

● 화토금(火土金), 중흉(中凶)

[특성] 상생(相生) 중 천격(天格)과 지격(地格)이 상극(相剋)되어 변괴운(變怪運)이다. 성질은 대체로 원만하고 성실하나 약간 소극적인 경향이 있다.

[운세] 부모의 여덕과 도움으로 무난하게 성공 발전한다. 다만 소극적인 경향이 있고 추진력이 미약하다. 만일 각격의 수리가 흉하면 심신이 과로하여 병들기가 쉽다. 또한 가정도 불행하여 처자를 극파(剋破)하고 중년 전후에는 여색(女色)에 기인하여 위기에 처할 수도 있다.

● 화토수(火土水), 흉(凶)

[특성] 가식과 교묘한 수단으로 사람을 희롱하고 인정미도 없고 매정하다.

[운세] 부모의 유덕과 세업으로 일시적인 성공은 기할 수 있으나 불의의 흉화가 발생하여 급변전락(急變轉落)하는 재앙 수가 있어서 흉격이 된다.

부모는 유덕해도 부부는 무정하고 자녀 또한 현명하지 못하며 일신은 동분서주(東奔西走)하다가 뇌일혈(腦溢血) 등 급환에 이를 염려가 있다.

● 화금목(火金木), 흉(凶)

[특성] 성격이 지나치게 민감하고 의심이 많으며 의기가 소침한 편이다.

[운세] 외관상으로는 안정되게 보여도 내면적으로는 그렇지 못하고 늘 불안하다. 일생에 좋은 기회를 만나기가 어렵고 수고로움만 따르는 흉격이다. 불의의 재앙으로 가정이 불목하고 자녀들도 불행하며 일신은 처자와 상별(相別)하여 신경쇠약 등 신병이 따르기도 한다.

● 화금화(火金火), 흉(凶)

[특성] 자제력이 부족하고 분수에 넘치는 언행을 서슴없이 자행하여 화액을 자초하기도 한다.

[운세] 일생이 불안정하고 만년은 더욱 불행에 이르는 흉격이다. 백사가 뜻과 같이 이룩되는 것 없고 가정과도 인연이 박약하여 고적하게 타관 객지를 전전하다가 신병으로 고생을 하게 된다.

● 화금토(火金土), 흉(凶)

[특성] 사람이 총명은 하나 신경이 지나치게 민감하고 의심이 많으며 남의 비평과 시비 가리기를 좋아한다.

[운세] 기반이 안정되어 간혹 한때 의외의 발전이 있기는 하나 성

공은 못하고 번민하며 어려움을 겪을 수 있다.

　가정도 화목하지를 못하고 자녀들도 불효를 하여 타인의 경멸을
당하기도 하며 일신은 심신이 과로하여 신병의 염려가 있다.

● 화금금(火金金), 흉(凶)

　[특성] 재능은 있으나 성격이 오만하고 방자하여 비난의 대상이
된다.

　[운세] 성정이 과강(過剛)하여 친화(親和)를 못 이루고 백사 성취
되는 것이 없다. 그래서 성공은 기대하기가 어렵고 가정도 불행하
여 부부는 무정하고 자녀 또한 무덕하다. 일신은 외롭게 동분서주
하다가 조난을 당할까 염려된다.

● 화금수(火金水), 흉(凶)

　[특성] 성정이 민감하고 의심이 많으며 남의 비평과 시비하기를
좋아한다.

　[운세] 성공운이 불왕하여 백사 성공하기가 어렵다. 뜻하지 않은
파란과 흉화가 내습하여 가정은 적막하게 되고 일신은 외롭게 의지
할 곳 없이 난치의 신병으로 고생을 하는 흉격이다.

● 화수목(火水木), 흉(凶)

　[특성] 의기(意氣) 소심하고 범사에 너무 세밀하여 남과 더불어 함
께 사는 융화력이 부족하고 품행도 단정하지 못하다.

　[운세] 불의의 재난으로 가산을 탕진하는 급화가 발생하여 곤고하
게 된다.

가정도 불행하고 자녀들도 무덕하여 수고로움만 따르고 백사 제대로 성취되는 것이 없다. 일신도 신약하여 병들기 쉬운 흉격이다. 간혹 특이하게 성공하는 변괴의 수도 있다.

● 화수화(火水火), 흉(凶)

[특성] 성정이 너무 민감하여 신경질적인 경향이 있으며 남과 더불어 즐기는 융화력이 부족하고 간혹 포악무도(暴惡無道)한 악행을 자행하기도 한다.

[운세] 백사 하는 일에 뜻을 이루지 못하고 크고 작은 재화만 발생하여 항시 불안정한 가운데 생활에 쫓기다가 멀리 타관으로 전전하는 흉격이다.

가정과도 인연이 박약하여 처자와 서로 떨어지고 일신은 병약하여 신병으로 고생을 한다.

● 화수토(火水土), 흉(凶)

[특성] 과대망상적인 성격이 오만불순하고 남의 의사를 무시하며 악평만 받게 된다.

[운세] 표면상으로는 안정되게 보여도 내면적으로는 고민, 번뇌, 불안 등 고충이 많다. 경영하는 사업도 제대로 성취되는 것 없이 급변 몰락하는 운격이다.

가정과도 인연이 없어 부부는 무정하고 자녀와도 화목하지 못하며 일신은 병약하여 신병으로 고생을 겪게 된다.

● 화수금(火水金), 흉(凶)

[특성] 남에게 굽힐 줄 모르는 유아독존(唯我獨尊)형이 되어 친화력(親和力)이 부족하고 친구가 없어 몹시 외롭다.

[운세] 경영하는 사업마다 제대로 성취되는 것 없고 항시 불평과 불만 속에서 고민하고 번뇌하다가 불의의 재화가 내습하여 불행한 운명이 된다.

육친과도 인연이 없어서 가정은 불행하고 일신은 신병으로 고생을 하는 흉격이다.

● 화수수(火水水), 흉(凶)

[특성] 사람이 총명은 하나 자존심이 너무 강하고 고집이 유별나게 지나치다.

[운세] 일시적인 성공과 발전으로 평안을 유지할 수 있으나 세월이 갈수록 운기가 점차 쇠퇴하여 흉화가 발생하고 급변의 불행을 겪게 되는 흉격이다.

부모도 무덕하고 자녀 또한 불행하며 일신은 신병으로 고생을 한다. 간혹 특이하게 성공하는 수도 있기는 하다.

● 토목목(土木木), 중길(中吉)

[특성] 성격은 외유내강(外柔內剛)하고 노력은 남보다 많이 하는 편이나 다만 남의 말을 수용하지 않고 상사의 의도를 따르지 않는 흠이 있다.

[운세] 겉으로 보기에는 편안하게 보여도 내면적으로는 그렇지 못하다. 하는 일마다 어려움이 따르고 희망하는 소기의 목적을 달성하기가 어렵다.

부모와도 인연이 엷으며 자녀 또한 수고로움만 따르고 일신은 타향을 전전하면서 신병을 겪을 염려가 있다. 그러나 각격의 수리가 좋으면 특별히 안정과 성공을 기할 수도 있다.

● 토목화(土木火), 중길(中吉)

[특성] 외유내강(外柔內剛)한 성품이 범사에는 적극적이고 남보다 노력도 많이 하는 노력형이다.

[운세] 외관상 운기는 강왕하게 보여도 성공은 쉽지 않고 고민과 번뇌를 하게 된다. 다만 꾸준히 근면하고 성실하면 평안도 얻고 성공도 기대할 수 있다.

가정은 원만하고 자녀들도 다행하나 일신이 병약하여 신병으로 고생을 겪을 수 있다.

● 토목토(土木土), 중흉(中凶)

[특성] 매사 하는 일이 정확하고 또한 노력도 많이 하는 노력형이다.

[운세] 기반은 견고하나 성공운이 빈약해서 희망과 소기의 목적을 달성하기가 어렵다. 재주는 있어도 기회를 잡지 못하여 늘 번민하면서 전전하게 되나 대체로 평범한 안정은 이룩한다. 다만 일신이 병약하여 신경쇠약, 위장병 등에 이환될까 염려가 된다.

● 토목금(土木金), 흉(凶)

[특성] 남의 의사를 긍정적으로 받아들일 줄 모르고 자기의 주장만 앞세우는 경향이 있고, 또한 무사안일하게 노는 것을 좋아하는

나태(懶怠)형이다.

[운세] 대개 약간의 성공과 희망은 있으나 다만 환경의 변화와 이동이 많고 부하들의 박해와 반역을 당하여 종내에는 실패를 하는 흉격이다.

가정과도 인연이 엷으며 일신은 가정을 등한시하고 병약하여 신병을 겪게 된다.

● 토목수(土木水), 흉(凶)

[특성] 마음이 정직하고 주관이 뚜렷하며 맡은바 책무에 성실하는 노력형이다.

[운세] 영특한 재주와 부단한 노력으로 약간의 성공과 희망은 있으나 다만 좋은 기회를 잡지 못하여 항시 공허하고 불안하다. 일시적인 순조로움이 있어도 다시 파란이 야기되어 실패를 하고 번민을 하는 흉격이다.

대체로 육친(六親: 부모, 형제, 처자)이 무덕하고 일신은 심신이 허약하여 늘 불안하다.

● 토화목(土火木), 길(吉)

[특성] 상생(相生)중 천격(天格)과 지격(地格)이 상극(相剋)하고는 있으나 무난하다. 범사에 적극적이고 추진력이 뛰어나며 특히 여자는 따뜻한 인정미가 있고 상냥하면서 부드럽다.

[운세] 기반이 건실하고 수하들의 도움을 받으면서 경영하는 사업도 뜻과 같이 성취되어 부귀와 명예를 함께 누리는 길격이다.

가정도 원만하고 자녀들도 효순하며 일신은 몸과 마음이 편안하여 무병장수를 한다.

● 토화화(土火火), 중길(中吉)

[특성] 대체로 남자는 성격이 괴벽스러운 편이나 여자는 명랑하고 매력이 가득한 형이다.

[운세] 일시적인 왕성한 운기로 성공을 이룩하나 기반이 튼튼하지 못하고 지구력이 부족하여 오래가지를 못하고 중단 실패하는 반길(半吉), 반흉(半凶)의 운격이다.

가정과도 인연이 엷으니 일찍이 자주 독립하는 것이 좋을 수다. 일신은 주색을 멀리하고 타인의 도움을 받으면 간혹 크게 대성하기도 한다.

● 토화토(土火土), 길(吉)

[특성] 적극적인 성품이 친화력도 있고 남보다 열심히 많이 노력하며 대인관계에서도 원만하다.

[운세] 부모의 여덕으로 기반이 건실하고 경영하는 일들도 뜻과 같이 성취되어 목적을 달성한다. 다만 한 가지 자녀에게 수고로움이 많으나 그래도 일신은 편안하고 만사 태평하다. 간혹 혈압 관계로 고생하는 수도 있으니 각별한 주의가 요망된다.

● 토화금(土火金), 흉(凶)

[특성] 범사에 적극적이고 열심히 노력하는 노력형이기는 하나 강직한 성품이 너무 조급하고 생각 없이 저돌적으로 급진하는 경향이 있다.

[운세] 부단한 노력으로 일시적인 성공을 이룩하여 외관상으로는 편안하게 보여도 내면적으로는 그렇지가 못하다.

가정도 불안하고 수하들과도 다툼이 많으며 일신은 병약하여 신병으로 고생을 하는 수도 있다.

● 토화수(土火水), 흉(凶)

[특성] 의지가 박약하고 신경이 과민하여 수다스럽고 반복하는 변덕성이 남자답지 못하다.

[운세] 일시적인 성공과 발전을 기할 수 있으나 변화와 이동이 빈번하여 불안정하고 뜻하지 않은 급변으로 재산을 상실하는 수 있다.

가정도 불행하여 화목하지 못하고 일신은 병약하여 뇌일혈 등 급환의 위험이 염려된다.

● 토토목(土土木), 흉(凶)

[특성] 강직한 성품이 정직은 하나 너무 자존심이 강하고 오만하다. 그러나 여자는 대체로 명랑하고 매력적인 타입이다.

[운세] 일시적인 성공과 발전을 기할 수 있으나 이동과 변화 수가 빈번하여 불안정하다.

가정도 불행하여 화목하지를 못하고 자녀들에게는 수고로움만 많이 따르고 일신은 병약하여 신병으로 고생을 겪을 수 있으니 주의가 요망된다.

● 토토화(土土火), 길(吉)

[특성] 심성이 정직하고 열심히 노력하는 근면 성실형이다. 여자

는 명랑하고 상냥하면서 매력이 있다.

[운세] 성공운이 약간 더디기는 하나 만난을 극복하고 대성 발전하여 부귀와 공명을 함께 누리는 길격이다.

가정도 화목하고 자녀들도 효순하며 일신도 건강하여 무병장수한다.

● 토토토(土土土), 길(吉)

[특성] 성격은 건실하나 융통성이 없으며 남자답게 활발하지를 못하다. 그리고 여자는 정조 관념이 희박한 것이 흠이다.

[운세] 성공운이 더디기는 하나 대체로 행복하다. 한 걸음 한 걸음이 건실하고 경영하는 일들이 순조롭게 발전하는 길격이다.

가정도 화목하고 일신도 편안하여 행복하다. 다만 각격의 수리가 좋지 못하면 고난을 겪기도 한다.

● 토토금(土土金), 길(吉)

[특성] 사람은 정직하나 소극적인 경향이 사업에 대한 추진력이 부족하여 아쉽고 여자는 정조 관념이 결핍되어 흠이 된다.

[운세] 성공운이 더디기는 하나 하는 일들이 안정되고 항상 발전하여 경영하는 사업도 순조롭게 별 어려움 없이 목적을 달성하고 성공한다.

가정도 화목하고 일신도 몸과 마음이 편안하여 무병장수한다.

● 토토수(土土水), 흉(凶)

[특성] 정과 의리를 중히 여기고 말솜씨가 좋으나 성격이 너무 지

나치게 강직하고 고집이 세다.

[운세] 일시적인 성공운은 있으나 기초가 불안정하여 오래가지 못하고 재화가 자주 발생하여 실패를 한다. 또한 급변(急變) 급화(急火)의 흉수가 개재되어 생명과 재산을 함께 상실하기도 한다.

가정도 불행하여 화목하지 못하고 일신은 병약하여 각종 신병을 겪게 되는 불길한 운격이다.

● 토금목(土金木), 흉(凶)

[특성] 신경이 예민하고 의기가 소침하여 의심이 많으며 활동성이 부족하다.

[운세] 장상(長上)의 도움으로 일시적인 성공과 발전은 기할 수 있으나 기반이 건실하지 못하여 불의의 재난을 당하고 전락하는 수가 개재되어 불길하다.

초년은 부모의 음덕으로 별 어려움이 없으나 만년은 자녀들이 무덕하여 불행하고 또한 상처 수까지 있으며 일신은 신약하여 신병이 염려된다.

● 토금화(土金火), 흉(凶)

[특성] 성격이 경박하고 자제력이 없이 분수에 넘치는 일들을 곧잘 하며 혹자는 경영하던 일을 자포자기하기도 한다.

[운수] 부모의 여덕으로 일시적인 성공과 발전은 기할 수 있으나 환경이 불안정하여 오래가지 못하고 실패를 하게 된다.

가정도 어지럽고 자녀 또한 불효하며 일신은 불안 속에서 전전하다가 호흡기 질환으로 고생을 겪게 되는 흉격이다.

● 토금토(土金土), 길(吉)

[특성] 성품이 온후하고 평화로우나 다만 약간 소극적인 경향이 있고 추진력이 부족한 것이 흠이다.

[운세] 기반이 건실하고 또한 상하의 도움으로 무난하게 성공하고 발전하여 행복을 누리는 길격이다.

가정도 원만하여 부모도 유덕하고 자녀 또한 효도한다. 일신도 몸과 마음이 편안하여 무병장수하리라.

● 토금금(土金金), 길(吉)

[특성] 만사에 너무 자신만만하고 두려움 없이 우월감에 사로잡혀 오만하고 너그러움을 상실하여 흠이다.

[운세] 경영하는 일들이 순조롭게 이룩되어 목적을 달성하고 성공을 한다. 특히 각격의 수리가 양호하고 대인관계에서 친화(親和)를 유지하면 더욱 크게 성공할 수 있다. 다만 지나친 우월감이 비난을 사기도 하고 간혹 고독에 빠져들어 실패하는 수도 있으니 너그럽게 화평을 유지해야 탈이 없다.

가정은 다툼이 많아 화목하지 못하고 일신은 호흡기 질환에 이환될까 염려된다.

● 토금수(土金水), 흉(凶)

[특성] 상생(相生)한 가운데 천격(天格)과 지격(地格)이 상극(相剋)되어 불길하다. 지나친 자만심 때문에 손해를 자초하기도 한다.

[운세] 장상(長上)의 도움으로 일시적인 발전과 성공은 기약할 수 있으나 불의의 재난과 급변 몰락하는 비운의 수가 있다.

가정도 적막하고 일신은 고독하며 조난(遭難), 외상(外傷) 등 불행이 따르기도 한다. 다만 각격의 수리가 다 좋으면 간혹 대성 발전하는 수도 있다.

● 토수목(土水木), 흉(凶)

[특성] 성격이 따뜻하고 침착하며 재주도 있으나 생활력이 없다.

[운세] 실력은 있으나 성공운이 억압되어 발전을 못한다. 항시 노력한 만큼 소득이 뒤따르지 않아 불평과 불만 속에서 지내야 하며 또한 타인의 조소까지 받아가면서 급변하는 재화로 가정도 불행하고 일신도 신병으로 고생을 하는 흉격이다.

● 토수화(土水火), 흉(凶)

[특성] 사람이 재주는 있으나 신경이 예민하고 신경질적이며 활동력이 부족하고 범사에 매우 소극적인 경향이 있다.

[운세] 다양한 재주는 품고 있으나 기회를 잡지 못하고 파란과 변동만 발생하여 백사 제대로 성취되는 것이 없다.

가정적으로도 일찍이 부모, 형제와는 인연이 엷고 부부 또한 상별(相別)하며 자녀도 불행하여 근심만 더해준다.

일신은 돌발하는 급변으로 재산과 몸을 상실당할 위험 수도 있다.

● 토수토(土水土), 흉(凶)

[특성] 다양한 재간은 갖고 있으나 다만 활동력이 부족하고 하는 일들이 너무 소극적인 것이 흠이다.

[운세] 겉으로 보기에는 안정되게 보여도 내면적으로는 고충이 많

고 종내에 가서는 불안에 빠져드는 흉격이다. 이는 환경이 불안정 되어 성공은 멀고 곤경에서 벗어나기가 어렵다.

가정도 불행하여 부모는 무덕하고 자녀들도 불순하며 일신은 돌 발하는 급환으로 급변을 당하는 위험 수도 개재한다.

● 토수금(土水金), 흉(凶)

[특성] 남의 말은 들을 줄 모르고 자기의 주장만 앞세우며 항시 불 평과 불만 속에서 자신만 과대평가하는 경향이 있다.

[운세] 성공도 빠르고 실패도 빠른 속성속패(速成速敗)의 운격이 다. 환경은 약간 안정성이 있기는 하나 노력한 만큼 소득은 따르지 않고 허무한 결과만 남으니 흉격이라 본다.

가정도 원만하지 못하여 부모는 무덕하고 부부는 무정하여 자녀 또한 현명하지 못하다. 일신은 병약하고 동분서주하다가 위험한 흉 액을 당할까 염려스럽다.

● 토수수(土水水), 흉(凶)

[특성] 사람됨이 민첩하고 수완도 있으나 인격(人格)과 지격(地格) 이 천격(天格)을 상극(相剋)하여 변괴운(變怪運)이다.

[운세] 선천운(先天運)이 평길(平吉)하여 일시적인 발전은 기할 수 있으나 다만 다양한 재주와 수완을 가지고도 때를 맞추지 못하여 성공이 불가능하다.

하는 일에 늘 파란과 변동이 발생하고 급변하는 재화만 따르게 되어 가정도 화목하지 못하고 일신은 고독하게 비운에 빠져드는 병 액의 수도 있다. 간혹 특이하게 대성 발전하여 성공하는 사람도 있기는 있다.

● 금목목(金木木), 흉(凶)

[특성] 외유내강(外柔內剛)한 성품이 민첩하고 부단히 노력하는 노력형이기는 하나 남을 의심하는 의심증이 있다.

[운세] 기반도 부실하고 환경도 불안정하여 크게 성공을 기대하기는 어려운 운격이다. 부단한 노력으로 자주 독립을 하기는 하나 하는 일이 고통스럽기만 하고 범사 제대로 성취되는 것이 없다.

가정은 각기 흩어지고 일신은 병약하여 신병을 겪게 되는 흉격이다.

● 금목화(金木火), 흉(凶)

[특성] 타고난 본성이 민감하고 남을 의심하는 의심증이 있으며 특히 주위의 충고를 따를 줄 모르고 자기주장만 앞세운다.

[운세] 외관상으로는 무사안일(無事安逸)하게 보여도 내면적으로는 그렇지 못하다. 아무리 노력을 해도 발전이 없고 크게 성공하기는 어려운 흉격이다.

가정도 화목하지 못하고 불행하며 자녀들도 무덕하고 일신도 병약하여 신병으로 고생을 겪을까 염려된다.

● 금목토(金木土), 흉(凶)

[특성] 성정이 민감하고 남을 의심하는 의심증이 있으며 특히 남의 말을 따를 줄 모르고 늘 자기의 주장만 앞세우는 비타협형이다.

[운세] 겉으로 보기에는 무사태평하게 보여도 내면적으로는 공허

하고 범사 제대로 성취되는 것이 없다. 일생을 풍파 속에서 가산을 탕진하고 일신은 심신이 피로하여 신병으로 고생을 할까 염려된다.

● 금목금(金木金), 흉(凶)

[특성] 인정은 많으나 의심이 많고 성정이 몹시 민감하다.

[운세] 파란과 곡절이 많고 환경의 변화가 빈번하여 하는 일마다 성취되는 것 없이 실패만 거듭 따르는 불길한 흉격이다.

가정과도 인연이 박약하여 부부는 서로 떨어져서 일신은 즐거움을 모르고 동분서주하다가 신병으로 고생을 겪게 된다. 간혹 한때 크게 성공하는 사람도 있다.

● 금목수(金木水), 흉(凶)

[특성] 열심히 노력하고 인내성과 지구력(持久力)도 있으나 의심이 많은 민감한 성격이다.

[운세] 일시적인 성공과 발전이 있기는 하나 이도 잠시뿐 파란이 야기되어 곧 실패를 하기가 쉽다. 경영하는 일은 제대로 성공되는 것 없이 장애만 따르니 항시 불안하다.

부부의 운도 불길하여 서로 별거를 하고 일신은 외로이 전전하다가 신병으로 고생을 겪게 되는 흉격이다.

● 금화목(金火木), 흉(凶)

[특성] 사람은 친절하고 대인관계도 원만하나 자만심이 지나쳐 흠이다. 여자는 풍류적이면서 매력적인 특성이 있다.

[운세] 기초가 안정되고 수하의 도움을 받아 일시적인 성공과 발

전을 기하여 지위가 향상되고 재산도 모으기는 하나 이도 잠시뿐 운기가 하강(下降)하여 종내에는 쇠패(衰敗)하는 흉격이다.

가정도 불행하고 일신은 신경쇠약, 폐질환 등으로 고생을 겪을 수도 있다.

● 금화화(金火火), 흉(凶)

[특성] 자만심이 강하고 오만 방자하며 허영과 허식을 좋아하고 교묘하게 수단을 잘 부리는 불성실한 타입이다.

[운세] 일시적인 성운으로 발전을 기하나 참고 견디는 지구력이 부족하여 종내에는 실패한다.

일신은 심신이 피로하고 늘 불만과 불평 속에서 지내다가 신경쇠약, 폐질환 등에 이환되기가 쉽다. 그러나 가정은 비교적 원만하다.

● 금화토(金火土), 흉(凶)

[특성] 자만심이 강하고 허영과 허식을 좋아하며 특이하게 말재주는 좋으나 근면하고 성실하지를 못하다.

[운세] 기초가 건실하고 환경이 안정은 이룩하나 크게 성공하기는 극히 어렵다. 대인관계가 원만하지 못하고 불성실하여 하는 일마다 소득이 없이 괴로움만 따르고 종내에는 실패를 하는 흉격이다.

가정도 화목하지 못하고 부부는 무정하며 불행하다. 일신은 신경쇠약, 폐질환 등으로 고생을 겪기도 한다.

● 금화금(金火金), 흉(凶)

[특성] 사람됨이 교만하고 오만 방자하며 허풍과 허식이 많아 불

신을 자초하고 친구가 없다. 그러나 여자는 풍류적이면서 매력적인 특성이 있다.

[운세] 외관상 보기에는 평온하게 보여도 기실 내면적으로는 공허하고 불평과 불만에 가득 차 있다. 큰 성공은 기대할 수 없으며 남과 다투기를 좋아하여 대인관계가 원만하지를 못하다.

가정도 화목하지 못하고 처자와 떨어져 일신이 고독하며 특히 신경쇠약, 폐질환 등에 이환되기가 쉬운 흉격이다.

● 금수화(金水火), 흉(凶)

[특성] 외유내강(外柔內剛)한 성품이 행동은 우아하나 고집이 대단하고 굽힐 줄을 모르는 비타협형이다.

[운세] 전반적인 운기가 불안정하여 성공과 발전을 기대하기는 어렵고 또한 뜻하지 않은 급변과 조난으로 생명과 재난을 상실당하는 위험 수가 따르며 가정도 처음은 원만하고 행복하나 오래 지속되지 못하고 일신은 신경쇠약, 폐질환 등에 이환되기가 쉽다.

● 금토목(金土木), 흉(凶)

[특성] 풍류적인 기질이 농후하고 자존심이 강하며 남을 따르는 복종심은 전혀 없다.

[운세] 처음은 순조롭게 성공하여 목적을 달성한다. 그러나 점차 환경이 불안정해지고 여러 번의 변화가 생겨 길흉을 분간하기가 어렵다.

대개 부모는 유덕하나 부부는 무정하고 자녀 또한 불효한다. 일신은 남보다 많은 노력은 하지만 소득은 따르지 않고 일생을 고생스럽게 보내는 불길한 운격이다.

● 금토화(金土火), 중길(中吉)

[특성] 수완이 교묘하고 손위 장상(長上)에게는 예의 바르게 존대를 하나 수하 사람들에게는 지나치게 혹대를 한다.

[운세] 기반이 건실하고 환경이 안정되어 의외의 성공과 발전을 기하여 재물과 명예를 함께 얻게 되는 운격이다. 그러나 천격(天格)과 지격(地格)이 상극(相剋)되어 흉운이 내습한 불의의 재화가 발생하여 급변전락(急變轉落)하는 위험 수도 있다.

가정은 비교적 평온하나 일신이 뇌일혈, 심장질환 등에 이환되기 쉬운 불길한 수도 내포되어 있다.

● 금토토(金土土), 길(吉)

[특성] 성정이 강직은 하나 근면 성실하고 열심히 노력하는 노력형이다.

[운세] 별 어려움 없이 순조롭게 발전, 성공하며 부귀와 명예를 함께 누리는 행복된 운격이다.

가정도 화목하여 부모 형제가 유정하고 자녀들도 현명하며 출세를 하고 영화롭다. 일신도 몸과 마음이 편안하여 무병장수한다.

● 금토금(金土金), 길(吉)

[특성] 성격이 원만하고 근실하며 신용과 명예를 중시한다. 흠이라면 한 가지 사안에 대한 소극적인 경향이 흠이다.

[운세] 기반이 튼튼하고 환경이 안정되어 별 어려움 없이 소기의

목적을 달성하여 부귀와 명예를 함께 누리는 길격이다.

가정도 원만하고 화목하며 일신도 몸과 마음이 편안하여 무병장수를 누린다.

● 금토수(金土水), 흉(凶)

[특성] 강인한 성품이 지나치게 조급하고 자제력이 부족하며 인내성과 지구력이 없다.

[운세] 일시적인 성공과 발전을 이룩하여 부귀와 명예를 함께 성취할 수 있으나 변괴운(變怪運)이 유발되어 점차 붕괴되고 재화가 발생하여 실패를 하는 흉격이다.

가정도 원만하지 못하여 처자가 무덕하고 일신도 외상(外傷)을 당하는 위험 수도 개재한다.

● 금금목(金金木), 흉(凶)

[특성] 성격이 강인하면서 민감하고 남을 의심하는 의심증이 있으며 아량과 너그러움을 볼 수 없다.

[운세] 부모의 여덕으로 일시적인 성공은 기할 수 있으나 이도 잠시 뿐 오래가지를 못하고 중년기 이후부터는 점차 운기마저 쇠퇴하여 재화가 발생하고 고난을 겪으면서 실패한다.

가정도 원만하지 못하여 부부는 불목하고 자녀 또한 불순하다. 일신은 병약하여 신병을 겪을 염려가 있다.

● 금금화(金金火), 흉(凶)

[특성] 완강한 성격이 친화를 모르고 자제력이 부족하며 분수에

넘치는 언행을 함부로 자행하여 화액을 스스로 불러들인다.

[운세] 일시적인 성공과 발전은 있으나 이도 오래가지를 못하여 불안정하고 또한 뜻밖의 재난을 당하여 실패를 하는 흉격이다.

가정도 원만하지 못하여 자녀들도 불효하고 일신은 심신이 과로하여 호흡기 질환 등에 이환될 염려가 있다.

● 금금토(金金土), 길(吉)

[특성] 강인한 성격이 생각은 좁고 너그러움이 없어 대인관계가 원만하지 못하다.

[운세] 손위 장상(長上)의 도움으로 기초가 안정되어 별 어려움 없이 성공하여 권위를 떨친다. 다만 각격의 수리가 흉하면 의외의 재화가 발생하여 가정은 불목하고 불행에 이르는 흉격이 된다. 또한 일신은 병약하여 호흡기 질환 등에 이환될 위험 수도 내포하고 있다.

● 금금금(金金金), 흉(凶)

[특성] 사람이 총명하고 지혜와 재주는 있으나 너무 자신을 과신하고 오만 방자하여 대인관계에서 미움을 산다. 그러나 여자는 영특하고 매력적인 특성을 지닌다.

[운세] 일시적인 성공과 발전의 운기는 있으나 성격이 오만 방자하여 대인관계에서 친화를 못 이루고 다투기를 잘하여 파란이 야기되는 흉격이다. 부부는 불목하고 일신은 고독하며 재산도 함께 탕진하여 종내에는 불행에 이르게 된다.

● 금금수(金金水), 흉(凶)

[특성] 외유내강(外柔內剛)한 성품이 너그럽지 못하고 옹졸하며 너무 자신을 과대평가하는 오만성이 성공을 저해한다.

[운세] 일시적인 성공과 발전운이 있기는 하나 뜻밖의 급변 몰락하는 위험 수도 함께 내포되어 있다.

가정도 화목하지를 못하고 자녀 또한 수고로움만 안겨다 주며 일신도 부상을 당하거나 신병 등 불길한 재화수가 개재되어 흉격이다.

● 금수목(金水木), 흉(凶)

[특성] 성격은 온후하고 재주도 있으나 활동력과 추진력이 부족하고 또한 과단성이 없다.

[운세] 부모의 여덕으로 별 어려움 없이 순탄하게 성공하고 발전을 한다. 다만 천격(天格)과 지격(地格)이 상극되어 변괴운(變怪運)이 유발되면 가정이 불안하고 일신은 병약하여 신병으로 고생을 겪게 되는 불길한 운격이다.

● 금수화(金水火), 흉(凶)

[특성] 성격이 민감하고 신경질적이기는 하나 열심히 노력하는 근면한 타입이다.

[운세] 부모의 여덕으로 일시적인 성공과 발전이 있기는 하나 천격(天格)과 지격(地格)이 상극되어 각격의 수리(數理)가 흉하면 급변전락(急變轉落)하는 큰 재화가 발생하고 일생 중 삼승(三勝) 삼패(三敗)를 하는 운격으로 본다.

가정도 불행하여 처자를 상극(相剋)하고 일신에게는 심장병 등 급변의 위험 수도 따른다.

● 금수토(金水土), 흉(凶)

[특성] 언제나 자신을 과대평가하는 자만심이 농후하고 오만하며 남을 따를 줄 모르는 비타협형이다.

[운세] 부모의 여덕으로 일시적인 성공과 발전은 있으나 불의의 재화로 점차 기울게 되어 외관상으로는 안정되게 보여도 내면적으로는 늘 불안하다.

가정적으로 부모는 유덕하여도 자녀들은 불효하고 일신은 신약하여 병들기가 쉬운 불길한 운격이다.

● 금수금(金水金), 길(吉)

[특성] 성격이 명랑하고 쾌활하며 임기응변의 기질이 있고 사교성이 좋아서 대인관계가 원만하다.

[운세] 부모의 여덕과 손위 장상(長上)의 도움으로 순탄하게 대업을 성취하여 크게 성공 발전하는 길격이다.

가정도 화목하고 자손도 유덕하나 다만 일신이 신약하거나 아니면 어떤 재난을 당할까 염려된다.

● 금수수(金水水), 흉(凶)

[특성] 성격이 명랑하고 쾌활하며 재치도 있고 사교성이 좋으나 이기심이 너무 지나치다.

[운세] 부모의 여덕과 형제들의 융합으로 일시적인 성공과 발전은 기할 수 있으나 다만 불의 재난이 발생하여 비운에 빠져드는 구

사일생(九死一生)의 운격이다.

가정도 불행하고 일신도 병약하여 장수를 누리기가 어렵다. 간혹 특이하게 성공하는 사람도 있다.

● 수목목(水木木), 길(吉)

[특성] 외유내강(外柔內剛)한 성품이 열심히 노력은 하면서도 남을 의지하려는 의뢰심이 농후하다.

[운세] 손위 장상(長上)의 도움으로 만난을 배제하고 크게 성공하는 선고후락(先苦後樂)의 운격이다.

가정도 행복하여 자녀들이 효순하고 일신도 몸과 마음이 편안하여 무병장수한다.

● 수목화(水木火), 중길(中吉)

[특성] 감수성이 강하고 이해심이 있으나 다만 표면상으로는 인자하게 보여도 내면적으로는 음험한 면이 있다.

[운세] 부모의 여덕과 손위 장상(長上)의 도움으로 발전, 성공하여 일시적인 편안은 누릴 수 있으나 선락후고(先樂後苦)의 운격이라 초년은 편안해도 만년에는 실패를 하여 고생하기가 쉽다. 천격(天格)과 지격(地格)이 상극되어 각격의 수리가 흉하면 파란과 재화가 돌발하여 만년이 불행하고 가정도 불목하여 자녀와도 화목하지 못하며 일신은 신약하여 병들기가 쉽다.

● 수목토(水木土), 길(吉)

[특성] 성품이 온순하고 감수성이 강하며 이해심도 있고 재간도

좋다.

[운세] 부모의 여덕과 장상(長上)의 도움으로 순조롭게 성공하여 편안하게 행복을 누리는 길격이다.

가정도 원만하고 일신도 무병장수를 한다.

● 수목금(水木金), 흉(凶)

[특성] 온화한 성품이 마음 착하고 살신성인(殺身成仁)하는 희생 정신도 있으나 다만 신경이 지나치게 예민하여 흠이다.

[운세] 부모의 도움으로 일시적인 성공과 발전은 있으나 운기가 점점 쇠퇴하여 재화가 발생하고 종내에는 실패한다.

가정에서 부모는 유덕하나 자녀에게는 수고로움만 따르고 일신 은 과로로 이환되기가 쉽고 또한 외상 등 액난의 수도 개재한다.

● 수목수(水木水), 흉(凶)

[특성] 감수성이 예민하고 두뇌의 회전도 빠르며 남보다 노력도 많이 하는 노력형이다.

[운세] 초년에는 노고가 많이 따르나 중년 후에는 투자한 노력의 대가로 성공하여 일시적인 발전을 기할 수 있다. 그러나 다시 고충 을 당하는 변동수가 발생하여 실패를 한다.

가정은 대체로 원만하나 일신이 신약하여 장수를 못누릴까 염려 된다.

● 수화목(水火木), 흉(凶)

[특성] 성격이 상량하고 친절성은 있으나 신경이 너무 예민하고

조급하다. 다만 여자는 온유하면서 매우 매력적인 타입이 된다.

[운세] 기반이 건실하여 상당한 발전을 기하고 편안을 얻기는 하나 운격이 조화를 이루지 못하여 불의의 변동과 재난으로 중도에서 좌절하고 불행에 빠져드는 운격이다.

가정도 대체로 불행하고 자녀운도 무덕하여 일신은 뇌일혈, 심장마비 등 화액이 돌발할 위험성이 있다.

● 수화화(水火火), 흉(凶)

[특성] 마음은 착하고 정직은 하나 신경이 과민하고 조급하여 아무 생각 없이 행동에 잘 옮긴다.

[운세] 일시적인 성운이 있기는 하나 불의의 변동과 급변으로 실패하기가 쉬우며 일생에 삼승삼패(三勝三敗)의 승패수(勝敗數)가 있어서 파란이 거듭 야기된다.

가정도 행복하지를 못하여 육친이 무덕하고 일신은 불행 속에서 뇌일혈 등 병액 수가 있어 흉격이다.

● 수화토(水火土), 흉(凶)

[특성] 성격이 너무 조급하고 민감하며 의지도 박약하고 추진력이 부족하다.

[운세] 기반은 건실하나 크게 성공하기는 어렵고 불행과 불만이 따르며 급변하는 재화가 돌발하기도 한다. 이는 천격(天格)과 지격(地格)이 상극되어 변괴운(變怪運)이 유발되기 때문이다.

가정은 대체로 행복하나 일신은 심장마비, 뇌일혈 등 병액 수가 있고 불행하다. 간혹 절처봉생(絕處逢生)으로 안정을 얻는 사람도 있다.

● 수화금(水火金), 흉(凶)

[특성] 신경이 예민하고 성질은 조급하며 의지는 박약하다. 과단성이 없고 대체로 적극성과 추진력이 부족하다.

[운세] 외관상으로는 평온하게 보여도 내면적으로는 그렇지 못하고 고충이 많이 따른다. 불의의 급난과 급변의 흉조 수가 있고 친화력이 부족하여 남과 다투기를 잘하며 경영하는 일마다 크게 성취되는 것이 없다.

가정도 대체로 불행하여 육친과 인연이 없고 일신은 고독하며 또한 심장마비, 뇌일혈, 호흡기 질환 등 병액 수가 있고 불행하다. 간혹 특이하게 풍운아적인 인물이 배출되기도 한다.

● 수화수(水火水), 흉(凶)

[특성] 자신을 과대평가 하는 경향이 있고 침착성 없이 언행을 함부로 하여 친지로부터 미움을 사기도 한다.

[운세] 일생 운기가 전반적으로 불왕하여 백전백패(百戰百敗)하는 불길한 운격이라 하는 일마다 제대로 성취되는 것 없고 불의의 재화만 속출하여 재산을 상실하고 실패를 하는 흉격이다.

가정도 불행하여 부부는 이별을 하거나 파탄에 이르고 일신은 뇌일혈, 심장마비 등 불행에 이를 수 있다.

● 수토목(水土木), 흉(凶)

[특성] 성격이 너그럽지 못하고 편협하면서 오만하며 허영심이 많

고 복종심이 없으며 친화력이 부족하여 화를 자초하기도 한다.

[운세] 기초가 불안정하여 여러 번 변화와 이동을 겪게 되고 늘 장애가 뒤따라 크게 성공하기가 어려운 불행한 운격이다.

가정과도 인연이 엷으며 자녀들도 불효하고 일신은 병약하여 신병을 겪기도 한다. 간혹 풍운아적인 인물이 배출되기도 하는 변괴운(變怪運)이기도 하다.

● 수토화(水土火), 흉(凶)

[특성] 성격이 오만하여 자신을 너무 과대평가하고 허영심이 많으며 남을 따르는 복종심이 없다.

[운세] 기초가 안정되어 장애를 배제하고 일시적인 성공과 발전은 기할 수 있으나 이도 잠시뿐 오래가지 못한다. 경영하는 일에는 변화와 장애가 많이 따르고 종내에는 실패를 하게 된다.

가정도 불행하고 일신은 병약하여 신병을 겪게 되는 불길한 운격이다.

● 수토토(水土土), 흉(凶)

[특성] 성격이 활발하지 못하고 용렬하면서 허영심이 많고 남을 따르는 복종심이 없다.

[운세] 여러 가지 난관을 극복하고 향상 발전하여 대체로 안정을 이룩하나 수시로 장애가 뒤따르고 변화가 무쌍하여 하는 일들이 뜻과 같이 성취되지를 못하여 종내에는 실패를 한다. 간혹 급변하는 재화를 겪을 수도 있다.

가정도 불행하여 육친이 무덕하고 일신은 병약하여 신병으로 고생을 하는 불길한 운격이다.

● 수토금(水土金), 흉(凶)

[특성] 성격이 섬세하고 신용도 있으나 자존심이 지나치게 강하고 매사에 너무 소극적이고 과단성이 없다.

[운세] 대체로 안정되고 일시적인 발전은 기할 수 있으나 성공운이 불왕하여 크게 성공하기는 어렵다.

가정은 화평하나 불의의 재화가 엄습하여 몸과 마음이 편안하지 못하고 신병을 겪을까 염려된다.

인격(人格)이 천격(天格)을 상극하여 변괴운(變怪運)이 유발되기도 하는 운격이다.

● 수토수(水土水), 흉(凶)

[특성] 자존심과 허영심이 많고 남을 따르는 복종심과 일에 대한 추진력이 없고 오만하다.

[운세] 운기가 불왕하여 범사 뜻과 같이 성취되는 것이 없고 장애와 고난만 따르는 불길한 운격이다.

집안은 화목하지 못하고 자녀 또한 무덕하여 근심과 걱정이 끊이지 않는다.

일신은 소화기 계통의 질환으로 고생을 겪게 되고 또한 조난의 위험 수까지 염려되는 흉격이다.

● 수금목(水金木), 흉(凶)

[특성] 성격이 지나치게 민감하고 의심이 많으며 의기 또한 소침

하고 사소한 일에도 성을 잘 내는 경향이 있다.

[운세] 초년에는 순탄하게 일시적인 성공과 발전을 기할 수 있으나 다만 변동이 빈번하여 풍파가 끊이지 않고 종내에는 실패를 한다.

가정도 불행하여 한쪽 부모를 일찍 잃거나 아니면 처자를 극하는 흉격이다.

일신은 신경이 쇠약하고 폐질환 등 신병을 겪을까 두렵다.

● 수금화(水金火), 흉(凶)

[특성] 자기의 역량을 헤아리지 못하고 분에 넘치는 언행을 함부로 자행하여 미움을 자초한다.

[운세] 꽃 핀 동산에 광풍(狂風)이 몰아치는 격이 되어 초년에는 순탄하게 향상 발전하여 목적을 달성한다. 그러나 중년 후기에 이르면서 점차 불안정하여 만년에는 많은 고난을 겪게 된다.

가정도 불행하여 부모와는 별 인연이 없고 자녀 또한 불효를 한다. 일신은 심신이 과로하여 각종 신병을 겪게 되는 불길한 운격이다.

● 수금토(水金土), 길(吉)

[특성] 지혜가 총명하고 열심히 연구, 노력하는 성실한 타입이다.

[운세] 하는 일들이 모두 뜻과 같이 순조롭게 향상, 발전하여 크게 성공하는 길격으로 친다.

가정도 평안하고 행복하며 일신도 몸과 마음이 건전하여 무병장수한다. 다만 뜻하지 않은 조난, 외상의 수가 있고 여성은 간혹 재혼을 하기도 한다.

● 수금금(水金金), 흉(凶)

[특성] 슬기로운 지혜와 재치는 있으나 너무 지나치게 자신을 과대평가하고 오만 방자하여 친지로부터 미움을 잘 산다.

[운세] 출중한 지혜와 재치로 일시적인 성공은 이룩할 수 있으나 다만 오만한 성품이 친화를 못 이루고 다투기를 잘하여 비난과 배척의 대상이 되면서 일신이 고독하고 불행에 빠져들게 된다.

가정도 화목하지를 못하여 불행하고 자녀 또한 불순하다. 간혹 각격의 수리가 좋으면 편안을 누리기도 한다.

● 수금수(水金水), 흉(凶)

[특성] 온화하고 유순한 성품이 결단성과 추진력이 없고 사업에 대한 의욕도 없다.

[운세] 초년에는 모든 일이 뜻과 같이 순조롭게 성공, 발전할 수 있으나 다만 뜻하지 않은 재화가 발생하여 급변, 몰락하는 비운에 빠져드는 수 있으니 흉격이다.

가정은 인연이 좋지 못하여 불행하고 일신은 고독하게 신병을 겪기도 한다. 그러나 간혹 각격의 수리가 대길하면 크게 성공하는 수도 있다.

● 수수목(水水木), 흉(凶)

[특성] 자기 자신을 과대평가하는 경향이 있고 간혹 기고만장(氣高萬丈)하게 놀면서 방탕하기도 한다.

[운세] 부모 형제가 화합하여 크게 발전, 성공할 수도 있으나 대체로 황망하게 실패를 하고 일장춘몽(一場春夢)격이 되기가 쉽다. 이

는 운기가 불안정하여 뜻하지 않은 파란과 변동이 야기되어 모았던 재물마저 물거품처럼 사그라지고 일신은 병약하여 신병을 겪기도 한다. 간혹 각격의 수리가 대길하면 크게 성공하는 수도 있다.

● 수수화(水水火), 흉(凶)

[특성] 성격이 과민한 신경질적인 형으로 자기 자신을 과대평가하고 간혹 방탕하는 경우도 있다.

[운세] 수양이 부족하고 자신만 과신하여 하는 일마다 장애와 고난만 수반하고 성취되는 것 없이 실패만 거듭하여 일생을 파란 속에서 불행하게 지내야 하는 흉격이다.

가정운도 불길하여 육친이 무덕하고 일신은 병약하여 고독하게 병고를 겪기도 한다.

● 수수토(水水土), 흉(凶)

[특성] 사람은 총명하나 자신을 과대평가하고 남을 멸시하는 경향이 있고, 또 한편 방탕하는 기질이 농후하기도 하다.

[운세] 일시적인 성공과 발전은 기할 수 있으나 불의의 재난과 급화로 황망하게 실패를 하는 불길한 운격이다.

가정도 불행하여 자녀와도 화목하지를 못하고 일신은 병약하여 병고를 겪을 염려가 있다.

● 수수금(水水金), 흉(凶)

[특성] 근면 성실하게 노력하는 노력형이기는 하나 자신을 과신하는 경향이 있다.

[운세] 남보다 열심히 노력하여 자수성가(自手成家)하고 대성 발전하는 성공운이기는 하나 대체로 허망하게 실패를 하기가 쉽다. 특히 중년 전후에 신병으로 기인하여 가정은 적막하게 되고 일신은 유명을 달리할 수도 있다. 다만 각격의 수리가 좋으면 크게 성공하기도 한다.

● 수수수(水水水), 흉(凶)

[특성] 자신을 과대평가하고 과신하는 경향이 있으며 오만 방자하다는 소리를 듣는다.

[운세] 초기에는 성공운이 순조로워 대성 발전할 수 있으나 대체로 중·말기부터 운기가 점점 쇠퇴하여 가산을 탕진하고 불행하게 비운에 빠져드는 흉격이다. 말년에는 더욱 가정도 불안하고 일신은 고독하게 병고를 겪기도 한다.

그러나 간혹 특이하게 큰 부자가 배출되어 장수를 누리기도 한다.

음양(陰陽)의 배합(配合)

　　성명은 음양의 배합에 의해서도 조화를 이루고 길흉에 많은 영향을 주고 있다. 이는 다른 역리학의 원리와 같이 음과 양은 서로 배합을 이루어야 조화를 이루고 기쁘다. 만일 그렇지 못하고 순양(純陽)으로 구성되거나 순음(純陰)으로 구성이 되면 이는 흡사 한 집안에서 동성끼리 동거하는 격이 되어 천·인·지(天人地) 삼재(三才)가 조화를 이루지 못하여 생성되는 게 없어서 좋지 못하다.

　　음양의 구분은 성명의 각 자획수(字劃數)에 의거 정해지는데 그 획수가 홀수(部數)이면 '양'이 되고, 짝수(偶數)이면 '음'이 된다.

양	양격 획수	1,3,5,7,9
음	음격 획수	2,4,6,8,10

　　단 글자의 획수가 10수(數) 이상일 경우에는 10을 제한 잔여 단수

만으로 계산한다.

예

음	음	음
黃	昌	吉
12	8	6

　성명의 자획이 전부 음격(陰格)으로 구성되어 있다. 이는 흡사 한 집안에서 여성끼리 동거하는 격이 되어 조화를 이루지 못하고 생성되는 게 없어 불길하다.

예

양	양	양
李	大	永
7	3	5

　성명의 자획이 전부 양격(陽格)으로 구성되어 있다. 이는 흡사 한 집안에서 남성끼리 동거하는 격이 되어 조화를 이루지 못하고 생성되는게 없어 불길하다.

● 음양이 배합을 이룬 행운의 성명

'예' 두 자 성명

양	음	음	양
柳	盛	金	玉
9	12	8	5

'예' 석 자 성명

음	양	양	음	음	양
朴	石	久	安	方	子
6	5	3	6	4	3

양	음	음	양	양	음
張	善	榮	成	國	明
11	12	14	7	11	8

'예' 넉 자 성명

양 음	양 음	음 양	양 음	양 양	음 양
南宮	一心	諸葛	炳榮	皇甫	善弘
9 10	1 4	16 13	9 14	9 7	12 5

● **음양이 배합을 이루지 못한 불길한 성명**

'예' 두 자 성명

양	양	음	음
田	成	朱	岩
5	7	6	8

'예' 석 자 성명

양	양	양		음	음	음
宋	炳	一		高	長	江
7	9	1		10	8	6

양	음	양		양	양	음
南	文	一		洪	正	和
9	4	1		9	5	8

'예' 넉 자 성명

양 양	양 양		음 음	음 음		양 음	음 양
皇甫	立成		諸葛	宇林		南宮	在永
9 7	5 7		16 12	6 8		9 10	6 5

음령(音靈)의 조절

사람의 음성은 입으로부터 나와서 귀로 들어가는데 이 음성의 파동은 뇌신경세포(腦神經細胞) 정신과 육체의 조직에 자극하여 생리학적 반응으로 성격과 사고면(思考面)에 변화를 형성한다고 한다. 특히 성명의 호음(呼音)이 자연스럽게 조화를 이루지 못하고 듣기가 거북한 괴상한 음이 되거나 음질의 강약(强弱), 고저(高低), 완급(緩急) 등이 균형을 이루지 못하고 한편으로 기울게 되면 이 또한 운명에 좋지 못한 영향을 주게 된다.

(1) 오행(五行)과 음(音)

오행 구분	자음(字音)		
목(木)	가, 카	ㄱ, ㅋ	아음(牙音)
화(火)	나, 다, 라, 타	ㄴ, ㄷ, ㄹ, ㅌ	설음(舌音)
토(土)	아, 하	ㅇ, ㅎ	후음(喉音)
금(金)	사, 자, 차	ㅅ, ㅈ, ㅊ	치음(齒音)

| 수(水) | 마, 바, 파 | ㅁ, ㅂ, ㅍ | 순음(脣音) |

김	대	용
(목)	(화)	(토)

가령, 김대용 하면 '김'은 "ㄱ"이 첫 음이니 목(木)에 해당되고, '대'는 "ㄷ"이 첫 음이니 화(火)에 해당되며, '용'은 "ㅇ"이 첫 음에 해당하니 토(土)가 된다. 그래서 '김대용'의 음오행(音五行)에서는 천격(天格)의 머리 음과 인격(人格)의 머리 음이 상극(相剋)되는 것은 절대 피하고 천·지·인(天地人) 삼재(三才) 전부가 목(木)이나 금수(金水) 등으로 기울지 않고 균형을 이루도록 구성하면서 음의 반응이 명랑하고 듣기 좋게 조화를 이루도록 가려야 한다.

박 남 선	오 명 근	남 철 원
(수)(화)(금)	(토)(수)(목)	(화)(금)(토)
X	X	X

천격(天格) 수(水)가 인격(人格) 화(火)를 상극하여 좋지 못하다.

강 경 길	문 병 문	정 재 성
(목)(목)(목)	(수)(수)(수)	(금)(금)(금)

위의 석자 이름은 각각 목(木), 수(水), 금(金) 일방으로 치우쳐서 음오행(音五行)이 조화를 이룰 수 없다. 이래서 좋지 못하다.

수(數)가 지니는 뜻

수(數)는 천지(天地) 음양(陰陽)과 오행(五行)에서 생출(生出)되어 각 수에는 각기 다른 수리(數理)가 담겨져 있고 그 수리 가운데는 천변만화(千變萬化)하는 암시(暗示)가 내포되어 있다. 멀리 천체(天體)의 운행으로부터 현대 과학에 이르기까지 수를 떠나서는 존재할 수 없듯이 그 수리는 대우주의 진리이기도 하다.

만유귀일(萬有歸一)이라 소위 수는 일(一)에서 시작하여 십(十)에서 그치고 다시 일에서 반복하여 돌아서 다시 시작하고 그 순환이 정연하면서 무궁하게 영겁회귀(永劫回歸: 영원히 반복한다는 뜻)하고 있다.

1. 기본수(基本數)의 수리(數理)

각 기본수에는 각각 다음과 같은 암시력을 지니고 있다.

기본수 (基本數)	음양 (陰陽)	오행 (五行)	수리(數理) 암시(暗示)
1	양 (陽)	갑목 (甲木)	(甲木)처음(始), 독립(獨立), 단행(單行), 건전(健全), 발달(發達), 부귀(富貴), 신장(伸長), 배태(胚胎)
2	음 (陰)	을목 (乙木)	혼합(混合), 집산(集散), 불구(不具), 불전(不全), 불철저(不徹底), 분리(分離)
3	양 (陽)	병화 (丙火)	성대(盛大), 풍부(豊富), 권위(權威), 재간(才幹), 이지(理智), 교환(交換), 성공(成功), 부귀(富貴)
4	음 (陰)	정화 (丁火)	파괴(破壞), 멸망(滅亡), 쇠약(衰弱), 변동(變動), 곤란(困難), 신고(辛苦) 등 변화 관념의 수
5	양 (陽)	무토 (戊土)	중앙(中央), 토덕수(土德數), 주동(主動), 진취(進取), 심신건전(心身健全), 입신발달(立身發達), 원만(圓滿)
6	음 (陰)	기토 (己土)	음덕갱시수(陰德更始數), 생비(生悲), 거둠(收), 합속(合續)의 영의(靈意), 기괴(奇怪), 변태(變態)
7	양 (陽)	경금 (庚金)	괴란(怪亂), 완미(頑迷), 불화(不和), 권위(權威), 단행(單行), 만난돌파(萬難突破)
8	음 (陰)	신금 (辛金)	천신만고(千辛萬苦), 분개(分開), 발달(發達), 용력(勇力), 인내(忍耐), 예맹(銳猛)
9	양 (陽)	임수 (壬水)	지력(智力), 재능(才能), 활동(活動), 재리(財利), 고독(孤獨), 궁박(窮迫), 표류(漂流)
10	음 (陰)	계수 (癸水)	공허(空虛), 비애(悲哀), 참극(慘劇), 손실(損失), 돌변(突變), 소모(消耗), 전복(顚覆), 파멸(破滅), 예측불능(豫測不能)

2. 수리(數理)와 품성(品性)

인생의 후천적 운명을 지배한다는 성격의 표현 부위는 인격(人格) 부위라 한다. 인격 부위의 수가 1에서 10까지 단수일 때는 기본 수로 보고 10수 이상일 경우에는 10을 제한 잔여 단수로 본다.

'예'

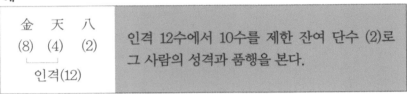

| 金 天 八 (8) (4) (2) 인격(12) | 인격 12수에서 10수를 제한 잔여 단수 (2)로 그 사람의 성격과 품행을 본다. |

성명의 인격은 그 사람의 성격을 형성하고 변화시킨다. 그리고 형성된 그 성격은 후천운을 조성하고 전환(轉換) 개척(開拓)하는데 인격(人格) 주운(主運)의 성격과 품행은 다음 단수의 수리와 같이 암시(暗示)를 하고 있다.

● **제1수 양목(陽木)**

우거진 삼림(森林) 가운데 무성한 잡목과 같은 기상이라 수기(水氣)가 반드시 있어야 한다. 성격은 대체로 온순하고 다정하면서 침착하다. 지능도 우수하고 근면, 성실, 검소하며 불요 불굴의 투지와 노력으로 만난을 배제하고 행복한 생애를 누릴 수 있다.

평소 생각이 깊고 사교성도 있으나 자존심과 시기, 질투심이 강하고 또한 사물에 대한 판단과 이해타산이 매우 민감하다.

● 제2수 음목(陰木)

땅 밑에 있는 나무뿌리가 단단한 흙과 돌 사이를 뚫고 자양분(滋養分)을 흡수함과 같은 기상이라 차(茶), 음료수 등을 좋아하고 즐긴다.

평소 따뜻하고 부드러운 성품이 참을성도 있고 노력성도 있으나 활동성이 미약하고 매사에 소극적인 경향이 있다.

일상생활에서 생각이 깊고 건실하며 신뢰성도 있으나 금전에 대한 욕심이 대단하고 너무 이기적이다. 또 한편 질투심과 시기심이 강하고 한번 성이 나면 물불을 가리지 못하는 결점이 있기도 하다. 한 가지 유의할 점은 건강으로 기인한 상해가 염려되니 몸 관리에 남다른 주의를 필요로 한다.

단 32수는 가정이 행복한 수로 본다.

● 제3수 양화(陽火)

태양의 염열(炎熱)과 같은 기상이라 술을 좋아하고 활기찬 성품이 지혜와 재주도 있으며 또한 통솔력이 뛰어나 항상 선두에서 주도를 한다.

평소 자존심이 강하고 과격한 성품이 실책을 범하기가 쉬우며 참을성이 부족하니 자중자애하면서 투기와 모험을 피하고 부드럽게 수양을 쌓으면 가히 성공을 기약할 수 있다.

단 33수는 중도에서 실패하기 쉬운 수로 본다.

● 제4수 음화(陰火)

불 속에 있는 젖은 나무가 불꽃은 이루지 못하고 연기만 내뿜는 기상이라 외관상으로는 조용하고 평온하게 보여도 내면적으로는 영민한 지략(智略)과 함께 폭발적인 기질이 내재되어 급진적인 경향이 있다.

그러나 한편 왕왕 자기 심사를 억제하고 본심을 외부에 드러내지 않는 이중적인 성향도 지니면서 매사에 너무 우유부단하고 결단성이 없으며 때로는 공연히 허황된 이상에 외로이 번민하기도 하여 항상 마음이 불안정하다.

단 24수는 풍요롭게 재산도 모으고 행복도 누릴 수 있다.

● 제5수 양토(陽土)

기름진 토양이 오곡을 자라게 하는 좋은 전답과 같은 안정된 기상이라 채식을 좋아하고 온순한 성품이 침착하며 아량도 넓고 정리(情理)를 중히 여기는 인정미가 있다. 겉으로 보기에는 유순하나 속마음은 강직하고 자존심과 명예욕도 대단하며 질투심도 적지 않다.

그러나 대인관계가 원만하여 상하로부터 존경과 신망을 받는다. 다만 쉽게 친밀하고 쉽게 식기도 하는 경향이 흠이라면 흠이라 할 수 있다.

단 25수는 왕왕 성격이 괴팍하여 대인관계가 원만하지 못하다.

● 제6수 음토(陰土)

미개척된 황야의 굳은 흙덩이와 같은 기상이라 성격이 너그럽고 침착하여 우선 튼튼한 느낌을 준다. 그러나 겉으로 보기에는 온후해 보여도 속마음은 강직하고 본심을 외면에 잘 나타내지 아니하여 그 속마음을 헤아릴 수 없다.

한편 때로는 민첩하고 때로는 우둔하여 우열의 변화가 있으나 대개 하는 일은 권위가 있고 신빙성도 있다. 다만 결점이라면 결단성이 부족하고 행동 거취에 번민하는 경향이 있으나 대체로 행복하다.

단 26, 36, 46수는 의협심(義俠心)이 강한 반면에 시기, 질투, 망상, 불굴 등의 고집이 있고 또한 성패, 변동, 질병 등으로 일신이 불안정하기도 하나 가정은 비교적 원만하다.

● 제7수 양금(陽金)

찬란한 빛을 발휘하는 칼과 창 같은 기상이라 성격이 날카롭고 임기응변의 재치와 수완이 있으며 또한 만난을 배제하는 기백과 인내성도 있다.

그리고 유달리 자존심이 강하고 권위와 명예를 중히 여기며 불굴의 실천력도 있으나 너무 지나치게 자신을 믿고 스스로 오만하여 비난의 대상이 되기도 하다.

● 제8수 음금(陰金)

깊은 땅 속에서 막 캐낸 광석(鑛石)처럼 제련(製鍊)하지 않은 상태의 원석과 같은 형상이라 마음이 정직하고 의지가 굳건하며 허영과 허식이 없는 솔직하고 담백한 성격이다. 사리의 판단도 분명하고 용단과 인내력도 있으며 집념과 투지도 대단하다.

그러나 완강한 고집과 자존심이 융화성(融和性)을 상실하여 사교상 흠이 되기도 한다. 다만 부드럽게 수양을 쌓으면 이상적인 성품으로 변화될 수도 있으니 오직 본인의 부단한 노력만이 요망된다.

단 28수는 외지 타향을 두루 다니는 역마(驛馬)운이 있고 여성은 성격이 지나치게 강직해질 염려가 있다.

● 제9수 양수(陽水)

장마 뒤 대홍수가 전답을 휩쓸면서 유유히 흐르는 큰 강물과 같은 상이라 활동력이 왕성하여 잠시도 가만히 있지를 못하는 성격이 솔직 담백하고 지혜와 재치가 있다.

그러나 과격한 성품이 성도 잘 내고 또한 쉽게 풀어지기도 하며 불평과 불만이 가득하여 자칫하면 오만하고 방종하기가 쉽다. 그리고 금전과 명예욕이 대단하여 벌어들이는 수입도 적지 않으나 반면에 소비성 지출이 과다하여 불행에 빠지기가 쉽다. 이는 흘러간 물을 다시 되돌릴 수 없음과 같은 상실성을 암시하고 있다.

단 29, 39수는 쉽게 역경을 극복하기가 어려운 수다.

● 제10수 음수(陰水)

샘물과 호수와 같이 일정한 범위 안에서 정체 상태에 있는 형상이라 성격이 유순하고 두뇌의 회전도 빠르며 사고력도 깊고 지혜와 인내성도 있으나 매사에 우유부단하고 소극적인 성향이 있으며 생기가 없고 과감한 활동력과 실천력이 부족하여 매우 안타깝다.

그러나 왕운을 만나 크게 움직이게 되면 비바람이 몰아쳐 호수가 일변하여 대해(大海)를 이루는 격(格)이 되기도 한다. 대개 위인(偉人), 부호(富豪), 기인(奇人), 열녀(烈女) 등이 이 수에서 많이 배출됨을 볼 수 있다.

3. 각 수리(數理)의 특수 운기

각격의 각 수에는 그 수마다 운세의 길흉을 암시하고 또한 그 길흉의 수 가운데에는 각각 특수한 운기가 내포되어 성명의 삼재오행(三才五行)과 각격의 배치 및 상호 연결 등에 의하여 이 특수한 운기가 영동하면서 각종 변화가 발생한다. 그리하여 한두 격의 수리(數理)만으로는 완전한 길흉 판단이 불가하니 먼저 각격의 수리와 영동력(靈動力)을 살피고 다음 여타의 자의(字意)와 자체(字體), 음령(音靈), 음양(陰陽), 오행(五行) 등을 자상하게 살핀 다음 종합 판단을 해야 한다.

(1) 행운 및 길흉의 운수

● 길수(吉數): 건전(健全), 행복(幸福), 번영(繁榮), 명예(名譽)
등을 암시하는 길수(吉數)

1, 3, 5, 8, 11, 13, 14, 15, 21, 23, 24, 25, 31, 32, 33, 35, 37, 39, 41, 45, 57, 58, 52, 57, 63, 65, 67, 68, 81

● 중길수(中吉數): 다소의 장애와 파란이 예상되기는 하나 다만 그 이름을 드날리는 암시가 있어 중길수로 친다.

6, 7, 17, 18, 27, 29, 30, 36, 38, 40, 51, 53, 55, 58, 61, 71, 73, 75

● 흉수(凶數): 역경(逆境), 박약(薄弱), 조난(遭難), 부침(浮沈),

병난(病難), 비운(悲運) 등을 암시하는 흉수(凶數)

2, 4, 9, 10, 12, 14, 19, 20, 22, 26, 28, 34, 42, 43, 44, 46, 49, 50, 54, 56, 59, 60, 62, 64, 66, 69, 70, 72, 74, 76, 77, 78, 79, 80

● 전운수(前運數) : 비교적 중년 이전에 강력히 영동하는 수

1, 3, 5, 6, 11, 13, 15, 16, 23, 24, 25, 31, 32, 33, 45, 52, 61, 63, 81

● 후운수(後運數) : 대체로 중년 이후에 강력히 영동하는 수

7, 8, 17, 29, 37, 39, 41, 47, 48, 57, 58, 67, 68

● 전후 합운수(前後 合運數) : 일생 동안 균등하게 영동하는 수

2, 4, 9, 10, 12, 14, 18, 19, 20, 21, 22, 26, 27, 28, 30, 34, 35, 36, 38, 40, 42, 43, 44, 46, 49, 50, 51, 53, 54, 55, 56, 59, 60, 62, 64, 65, 66, 69, 70, 71, 72, 73, 74, 75, 76, 77, 78, 79, 80

● 자동운수(自動運數) : 자연 좋은 운이 이르러 크게 노력하지 않아도 쉽게 성공을 기하는 성공수

1, 13, 31, 37, 48, 52, 57, 67, 81

● 타동운수(他動運數) : 기회를 잘 포착하여 자기의 노력과 작은 수고로 성공을 획득하는 성공수

3, 5, 6, 7, 8, 15, 16, 24, 32, 35, 39, 41, 45, 47, 58, 68

(2) 체질 및 건강상의 운수

● 남자는 풍체가 우아한 미남이 되고 여자는 얼굴이 아름다운 미인이 되는 수

4, 12, 14, 22, 24, 31, 37, 41

● 여자에게 애교와 매력이 따르는 수

15, 19, 24, 25, 28, 32, 33, 42

● 위장 및 폐, 심장 등의 병난(病難)과 손발에 상해를 입기가 쉬운 수

7, 8, 12, 17, 18, 20

● 질병에 약한 허약한 수

2, 4, 9, 10, 12, 14, 19, 20, 22, 26, 30, 34, 36, 40, 42, 44, 46, 54, 55, 60, 69, 70, 80

● 불의의 재화가 침범하기 쉬운 수

4, 9, 10, 14, 19, 20, 26, 28, 34, 40, 44, 54, 60, 69, 70, 80

(3) 성격상의 운수

● 성품이 온화하여 상하로부터 신망과 존경을 받고 권위를 지키는 수

5, 6, 11, 15, 16, 24, 31, 32, 35

● 성격이 너무 강직하고 완고하여 대인관계에 결함이 생기는 수
7, 17, 18, 25, 27, 37, 47

● 고집과 시기심이 많고 변태적인 수
2, 12, 22, 42

● 평소 물을 많이 마시고 음료수 등을 좋아하는 수
11, 21, 22, 31, 32, 41

● 담배를 즐겨 피우는 수
14, 24, 33, 52

● 풍류, 사치, 주색(酒色)을 즐기는 음란(淫亂)한 수
17, 23, 24, 27, 33, 37, 43, 52, 62

● 품행이 어질지 못한 불량의 수(남자에 한함)
20, 36, 40

● 일 처리가 민완(敏腕)하고 말솜씨가 유창은 하나 다만 허위와
가식성(假飾性)이 있는 수
4, 14 ,24, 34, 44

(4) 소질 및 기질상의 운수

● 대의를 위하여 자신을 희생하는 의협심이 강한 수
26, 36

● 자기의 욕심만을 챙기는 이기주의(利己主義)의 수
13, 45

● 이상을 추구하는 이상주의(理想主義)의 수
35, 38, 42

● 실리를 추구하는 현실주의(現實主義)의 수
23, 33, 45

● 시작은 화려해도 끝맺음이 없는 유시무종(有始無終)의 수
9, 19, 27, 50

● 시작을 하면 반드시 끝을 맺고 보는 유시유종(有始有終)의 수
8, 18, 37, 48

● 남자답지 못하고 점점 여성화되어 가는 남성여화(男性女化)의
수
5, 6, 15, 16, 35, 43

● 여자가 여자답지 못하고 점점 남성화되어 가는 여성남화(女性男化)의 수

7, 17, 29, 33, 39

● 자존심이 강하고 남에게 굽힐 줄 모르는 방약무인(傍若無人)의 수

1, 7, 17, 18, 25, 27

● 동화력(同化力)이 뛰어난 원만 화합의 수

5, 6, 11, 15, 16, 21

● 세상물정과 통하지 않는 옹고집 세정불통(世情不通)의 수

10, 11

● 세상물정을 너무 잘 아는 정통세정(精通世情)의 수

42, 52

● 모험과 투기를 좋아하는 모험투기(冒險投機)의 수

30, 40, 52

● 모험을 모르고 점진적으로 성취하는 건실온견(健實溫堅)의 수

21, 24, 31

● 겉으로 보기에는 강건해도 내면적으로는 유약(柔弱)한 수

7, 8, 17, 18

● 표면으로는 유약해 보여도 내면적으로는 강건한 수
12, 14, 22, 32

● 범사가 화려하고 급진적으로 대응하는 적극적인 수
17, 23, 27, 33, 39

● 단단한 돌다리도 두들겨 보고 건너는 소극적인 수
12, 14, 19, 22, 24

● 범사를 박력 있게 수행하는 기백(氣魄)의 수
17, 18, 21, 23, 33, 39

● 일을 하다가도 의지가 약하여 중간에 좌절하는 심약(心弱)한 수
4, 12, 14, 22, 24, 56

● 이성과 지혜가 발달하는 이지(理智)의 수
3, 13, 21, 23, 24, 25, 29, 31, 33, 35, 38, 39, 41, 45, 48, 52, 63, 67, 68

● 정감이 농후하고 발달하는 수
1, 3, 5, 6, 11, 15, 16, 21, 23, 32, 33

● 의지가 뛰어나게 강건한 수

7, 8, 11, 17, 18, 21, 25, 31, 37, 41, 47

(5) 재능의 운수

● 기묘한 재능을 지니는 참모(參謀) 또는 신발명가(新發明家)의 수

24, 25, 68

● 문학이나 미술, 기예(技藝) 방면에 높이 발달하는 예능의 수

13, 14, 26, 29, 33, 35, 36, 38, 42, 68

(6) 직능(職能)의 운수

● 지 · 인 · 용(智仁勇) 삼덕을 구비하고 높은 위치에서 많은 사람을 거느리는 두령(頭領)의 수

3, 16, 21, 23, 31, 33, 39

● 학자(學者) 또는 기사(技師) 타입의 수

3, 13, 21, 23, 24, 25, 29, 31, 33, 35, 38, 39, 41, 45, 48, 52, 63, 67, 68

● 종교인이나 예술가의 수

1, 3, 5, 6, 11, 15, 16, 21, 23, 32, 33

● 정치가나 실업가의 수

7, 8, 11, 17, 18, 21, 25, 31, 32, 37, 41, 47

(7) 가정, 부부 환경상의 운수

● 남녀 부부가 화목하지 못하고 다툼이 많은 수

1, 7, 8, 17, 18, 20, 25, 27, 28, 33

● 남녀 다 같이 조혼(早婚)이 불리하고 간혹 생사 이별이 따르는 수

9, 10, 12, 17, 22, 28, 34, 35, 38, 43

● 남녀 다 같이 초혼(初婚)으로는 행복하기가 어려운 수

18

● 남녀 다 같이 배우자를 상실하기 쉬운 수

9, 10, 19, 20, 26, 28, 30, 34, 76

● 한 남자가 두 여자를 거느리거나 아니면 생사 이별이 따르는 수

5, 6, 15, 16, 32, 39, 41

● 여자가 남자의 발전 운기를 극해(剋害)하거나 아니면 간혹 생사 이별 등이 따르는 부부 불목(不睦)의 수

9, 10, 12, 14, 17, 19, 20, 21, 23, 26, 27, 28, 29, 30, 33, 35, 36, 42, 43

● 여자가 홀로 지내기 쉬운 고독의 수
21, 23, 33, 39

● 여자가 부덕(婦德)을 구비하는 행운의 수
5, 6, 15, 16, 35

● 여자가 직업 전선에서 미천한 접대부 등으로 흐르기 쉬운 수
9, 10, 19, 20

● 여자에게 풍파, 이별 등 파란이 가장 많이 따르는 연령
28세, 29세, 32세, 33세

● 혼인을 기피하는 연령
남자: 25세, 42세, 61세
여자: 19세, 33세, 37세

● 자녀의 복이 박약하고 노고(勞苦)만 따르는 불행의 수
9, 10, 14, 19, 20, 26, 28, 30, 34, 76

● 부부의 인연이 박약하여 번민하는 고독의 수
4, 10, 12, 14, 22, 28, 34, 40, 46, 54

● 비록 재산이 많고 외교 수완이 우수해도 가정에 파멸을 가져
온다는 불행의 수

34

(8) 재부(財富)의 운수

● 재물이 풍성한 풍재(豊財)의 수

15, 16, 41, 52

● 재물을 모을 수 있는 근원이 풍요롭고 횡재수도 따르는 재원
(財源)의 수

24, 29, 32, 33

● 음덕으로 집안을 일으키는 행운의 수

3, 5, 6, 11, 13, 15, 16, 24, 31, 32, 35

(9) 재물을 흩트리고 패가하는 파재(破財)의 운수

● 있는 재물도 흩트리고 중도에 좌절한다는 파재(破財)의 수

14, 20, 36, 40, 50, 80

● 패가좌절(敗家挫折)한다는 불길의 수

2, 4, 9, 10, 12, 14, 19, 20, 22, 26, 27, 36

(10) 재액(災厄)이 따른다는 화액(禍厄)의 운수

(이와 같은 수가 이격(二格) 이상일 때는 특히 위험하다)

● 재난의 수

4, 8, 9, 10, 12, 14, 17, 18, 19, 20, 23, 26, 27, 33, 34, 39, 40, 44, 45, 49, 53, 55, 56, 57, 58, 60, 69

● 형벌의 수

9, 10, 14, 19, 20, 22, 28, 30, 34, 44, 50, 53, 54, 56, 59, 60, 70

● 검난(劍難)의 수

3, 4, 6, 8, 9, 10, 12, 14, 17, 18, 19, 20, 28

● 유혈(流血) 부상(負傷)의 수

8, 17, 18, 19, 23, 27, 33, 34, 40, 44, 50, 60

● 자해(自害) 또는 발광(發狂)의 수

4, 27, 34, 44

(11) 기이(奇異)한 변괴(變怪)의 운수

일생에 파란이 많은 수이기는 하나 간혹 역경을 극복하고 크게 성공하는 기이(奇異)의 수

● 효자, 열녀의 수

4, 26, 44

● 위인(偉人) 기재(奇才)의 수

4, 9, 19, 26, 30, 36, 38, 44

● 대부(大富)의 수

9, 19, 27

● 극단에서 전회(轉回) 성공하는 절처봉생(絕處逢生)의 수

10, 20, 30, 40

(12) 변화의 운수

● 흉한 것이 좋게 변한다는 화흉위길(化凶爲吉)의 수

2, 4, 9, 10, 12, 14, 19, 20, 22, 26, 27, 28, 29, 30, 34, 36, 38, 40, 44, 46, 49

● 왕성한 가운데 쇠운을 내포하여 중도에서 실패한다는 길반위흉(吉反爲凶)의 수

1, 6, 7, 8, 13, 17, 18, 23, 25, 32, 33, 37, 39, 45, 57, 77, 81

● 크게 성공한다는 대성공의 수

1, 3, 5, 6, 7, 8, 11, 13, 15, 16, 17, 18, 21, 23, 25, 26, 27, 29, 30, 31, 32, 33, 37, 39, 40, 41, 45, 47, 48, 52, 57

(이 수가 이격(二格) 이상일 때에는 크게 대성할 수도 있다)

(13) 천관성(千官星) 및 금여성(金輿星)의 운수

(용모가 단정하고 재능과 천덕이 구비되어 벼슬에 오르고 관용차(官用車)를 탄다는 별)

● 천관성(벼슬을 한다는 별)의 수

1, 8, 16, 17, 28, 29, 30, 33, 44, 45, 52, 53, 67, 74, 81

● 금여성(관용차를 탄다는 별)의 수

3, 4, 5, 18, 24, 26, 40, 51, 52, 68, 70, 79

이상 각개의 특수한 운기의 수는 성명의 사격(四格: 인격, 지격, 외격, 총격) 가운데 어느 격을 막론하고 전부 해당 운기가 영동(靈動)을 한다. 그중에서도 인격(人格)과 총격(總格) 부위에 가장 많이 강하게 영동을 하며 또한 각격(各格)의 수리(數理)가 조화를 이루고 삼재오행(三才五行)의 배치와 내외운(內外運) 등이 적절하게 배합이 되면 이 특수 운기 중 길운이 강하게 영동하면서 흉한 운세 흉운을 완화 내지 해소를 하게 되니 새로 작명을 하거나 성명을 판단할 때에는 수리(數理)와 오행(五行) 등의 상호 연관성과 변화에 각별한 유의를 하고 점 하나라도 소홀히 해서는 안 된다.

4. 81수리(數理)와 영동력(靈動力)

81수의 영의(靈意: 영묘한 뜻)와 암시(暗示), 유도(誘導), 변화(變

化) 등의 작용력은 삼재(三財: 기초운, 성공운, 내외운) 오행(五行)
이 적절하게 배합되고 각격(各格: 인격, 지격, 외격, 총격)의 운기가
상호 연관되면서 각종 변화가 발생한다.

그리하여 한두 격의 수리(數理)만으로는 완전한 길흉 판단이 불
가하니 먼저 각격의 수리 영동력을 자세히 고찰하고 다음 자의(字
意)와 자체(自體), 음령(音靈), 음양(陰陽) 등을 종합 관찰한 연후에
길흉을 판단해야 한다.

5. 81수리(數理) 일람표

1획[길수] 기본격(基本格)

만상(萬象)의 기본이 되는 최상의 길수다. 정감이 넘치는 고귀한
인품이 세상사를 통찰하여 크게 성공하고 일생을 편안하게 부귀영
화를 누리면서 장수하는 대길의 수이기는 하나 너무 지나침은 미치
지 못한 것만 같지 못하니 경솔하게 쓰지 말고 신중을 기해야 한다.
다만 기관 단체 등의 명칭에 사용하는 것은 좋다.

2획[흉수] 분리격(分離格)

일생에 고난과 부침(浮沈)이 많고 재운(財運)이 빈약하며 또한 병
약하여 가정운도 불길하다.

중년기 이전에 유동과 재액이 많이 따르고 몸과 마음이 허약하여
결단력을 상실하게 된다. 그래서 인간의 고독과 비애(悲哀)에 즐거
움을 모르고 허송세월하는 파멸 무상의 대흉수로 친다.

3획 [길수] 성형격(成形格)

천(天), 지(地), 인(人)이 상화(相和)하여 만물이 형상을 이루는 행운의 수로서 이는 복덕을 겸비하여 행복을 구가하듯 대업을 성취한다. 지혜도 총명하고 이지가 발달하여 지도적 인물이 되고 입신양명(立身揚名)하여 대중이 우러러보는 대길의 번영 수이다.

다만 권모(權謀)에 의한 명예욕이 간혹 험난 수를 부를 수도 있으니 경거망동(輕擧妄動)하지 말고 자연에 순응하는 마음가짐이 무엇보다 필요로 한다.

4획 [흉수] 부정격(不正格)

성격은 온유하나 결단력이 부족하고 지략(智略)이 혼미(昏迷)하여 매사 성사되는 것이 없다. 일생에 변화와 역경, 고난과 파멸 등이 따르는 대흉수로 친다.

초년에 비록 순조롭게 발전을 한다 해도 중년에 가서 파멸하고 좌절을 하게 된다. 이는 오로지 자기의 역량을 과대시하기 때문이다. 그래서 분수에 순응하는 수양을 쌓아야 한다. 육친(肉親: 부모, 형제, 처자)과도 인연이 좋지 못하고 또한 일신은 병약하며 고독하다.

그러나 배우자의 길운에 의해서 만년에 행운을 얻을 수도 있고 간혹 효자, 절부(節婦)가 이 수에서 배출되기도 한다.

5획 [길수] 정성격(定成格)

음양이 화합된 완벽의 수라 성격이 원만하고 지혜와 덕망을 겸비하여 대업을 성취하고 입신양명(立身揚名)하여 만인의 우러름을 받고 수복이 겸비되어 부귀와 영화를 함께 누리면서 장수하는 대길수이다.

여성은 부덕을 갖추고 가정을 지혜롭게 이끌어 가면서 사랑과 존경을 받고 행복을 누리는 행운의 수이다.

6획 [길수] 계성격(繼成格)

복덕이 풍성하여 만사가 뜻과 같이 성취되는 부귀영달의 대 길수다. 성격은 외유내강(外柔內剛)하여 굳건한 신념과 성실한 노력으로 대업을 순탄하게 성취하고 가문을 빛내니 만인이 우러러 존경한다. 천부의 복덕이 집안에 충만되어 영화롭게 행복을 구가하는 번영의 길수이기는 하나 성운 속에는 쇠운도 포함되어 타운과의 배합이 불길하면, 돌변하는 험란 수도 야기되고 또한 중년 이후에 중단수도 함께 내포하고 있으니 자만심을 버리고 자중해야 한다.

여성은 부덕을 겸비하여 가정이 원만하고 사랑과 존경을 받으면서 행복을 누리는 길수로 친다.

7획 [길수] 독립격(獨立格)

장부의 견고한 의지와 왕성한 정력으로 만난을 돌파하고 대성 발전하여 영화롭게 가문을 일으키는 대길의 수이기는 하나 다만 성격이 지나치게 강건하여 타인과의 공동 사업은 부적합하고 가정적으로도 다소의 의견 충돌이 있다. 그래도 자녀들에게 영화가 있어 이름을 크게 떨칠 수 있으니 길수이다.

단 여성은 남성화(男性化)되는 경향이 있고, 불행에 빠질 수도 있으니 부드럽게 수양을 쌓으면서 아름다운 덕성(德性)을 길러야 한다.

8획 [길수] 개물격(開物格)

완고한 성격이 참을성도 있고 굳건한 의지가 매우 진취적(進取的)이어서 어떠한 난관에 이르러도 이를 극복하고 처음 품은 뜻을 관철하여 소기의 목적을 달성하고 부귀영화를 누리면서 이름을 떨치는 대길의 수이다. 다만 선고후락(先苦後樂)의 운세라 초·중년에는 다소 곤고하고 어려움이 따르기도 하나 중년 후 만년에는 영화롭게 행복을 누리는 행운의 수이다.

다만 지나치게 강건한 기질이 번영되게 전진만 하거나 또는 타운과의 배합이 불길하면 조난(遭難)의 횡액 수가 수반되기도 한다.

9획 [흉수] 궁박격(窮迫格)

한때는 성공하고 한때는 패망하여 흥망 교차되는 부침(浮沈)의 수가 되어 흉수로 친다. 대개 지략(智略)도 있고 활동력도 있으나 인덕이 없고 몸과 마음이 늘 피곤하다. 가정에는 부부의 인연도 좋지 못하고 또한 자녀의 운마저 불길하여 근심이 따르고 별 여망이 없어 대흉의 수로 친다.

다만 삼재(三才) 배치와 타격(他格)과의 운이 좋으면 기회를 잡아 왕왕 큰 부자가 되기도 하고 간혹 위인(偉人)과 괴걸(怪傑)이 배출되기도 한다.

여성은 부부가 무정하여 이별을 하는 수도 있고 또한 자녀에게 늘 근심이 따르며 외로이 홀로 고독을 겪게 되는 불길한 수이다.

10획 [흉수] 공허격(空虛格)

일몰 후 사방이 막막한 만사종국(萬事終局)의 공허한 형상이라 재주도 있고 기량은 풍부해도 세상 물정에 어둡고 매사에 추진력이 부족하여 시작은 화려해도 유종의 미를 거두지 못하고 여러 번 실패를 겪을 수이다. 이리하여 일생에 고난과 빈곤이 따르고 앞날이 암담한 불길의 수이다. 육친과도 별 인연이 없고 일신에도 질병, 형액, 단명, 부부 이별 등 매우 고독한 불행이 따르는 흉수로 친다.

여성은 남편과의 인연이 좋지 못하여 일생을 외로이 홀로 지내야 할 대 흉수로 보고 있다.

11획 [길수] 신성격(新成格)

음양이 다시 되돌아와 만물이 생성되는 신성격이라 성품이 유순하고 몸도 건강하며 지혜도 총명하고 재운 또한 왕성하다. 하는 일은 뜻과 같이 성취되어 대업을 이룩하고 부귀영화도 누리면서 영광되게 가문을 빛내고 사회적으로 신망과 존경을 받으면서 행복하게 자녀들의 영화까지 함께 누리는 대길의 행운 수로 친다.

여성은 간혹 남의 양녀로 가는 수도 있으나 부부가 다정하고 자녀들도 현명하여 가정이 화목하고 원만하다.

12획 [흉수] 박약격(薄弱格)

사람은 똑똑하고 재주는 있으나 의지가 박약하여 매사에 너무 소극적인 경향이 있다. 그래서 자력으로 크게 성공하기는 어렵고 혹 부모의 유산이 있으면 한때 편안히 지낼 수도 있으나 만년에는 이도 실패하여 심신이 허전하다.

가정적으로도 불행하여 부부와의 이별 수도 있고 일신은 병난(炳難), 형액(刑厄) 등 화액이 따르며 또한 자녀운도 영화롭지 못하여 늘 허송세월을 하는 불길한 수로 본다.

　단 자기 능력에 맞추어서 분수를 지키고 검소하게 자중자애하면 평안을 누릴 수도 있다.

13획 [길수] 지모격(智謀格)

　슬기로운 지혜와 재치로 대세를 간파하고 임기응변이 능숙하여 재사(才士)답다. 예능의 자질도 풍부하고 명석한 두뇌와 상사(上司)의 도움을 받으면서 어떠한 고난도 무난히 극복하고 성공의 길을 걷는다. 그래서 빈손으로 대업을 성취하고 사방에 이름을 떨치는 대 길수이다.

　특히 지도적인 선견지명(先見之明)이 있으나 왕왕 지나치게 자신만 믿고 경거망동(輕擧妄動)하다가는 불의의 공격을 당할 액운도 따르니 항상 대인관계를 원활히 유지해야 한다.

14획 [흉수] 이산격(離散格)

　천성이 유순하고 인정도 있으며 예능의 재주도 다양하다. 그러나 매사 계획은 잘 수립하지만 재운(財運)이 없고 흥패가 무상한 운세라 하는 일이 뜻과 같이 잘 성취되지 않는다. 그래서 일생에 부침(浮沈)이 많고 곤고하여 늘 번민을 하게 된다. 육친과도 인연이 박약하여 파란과 이별, 고독, 병난, 불구 등 흉화가 따르는 매우 불길한 흉수이다.

　여자는 남편의 덕이 없고 외로이 홀로 일생을 지내야 하는 불길한 극부(剋夫)의 흉수로 본다.

15획 [길수] 통솔격(統率格)

성격이 원만하고 지혜와 덕망을 겸비하여 상사(上司)의 후견과 수하의 도움을 받아 순탄하게 자립 대성하여 영화롭게 부귀와 공명을 달성한다. 이리하여 사회적 신망도 두텁고 사방에 이름을 떨치면서 가문을 일으키고 자녀들의 영화까지 누리면서 행복하게 장수하는 대 길수이다. 다만 부잣집에서 출생한 사람은 나태하기가 쉽고 간혹 중년 말에 다소의 쇠운이 따르기도 하며 혹자는 두 집 살림을 거느리는 양처 수도 있다.

특히 여자에게는 부덕을 겸비하여 가정을 원만하게 이끌고 행복을 누리는 대길의 수이기도 하다.

16획 [길수] 덕망격(德望格)

인자하고 덕망 높은 인물이 상하의 존경과 신망을 받고 지(智), 인(仁), 용(勇) 삼덕을 구비하여 만인을 지휘하는 수령(首領)격이 되어 대업을 성취하고 부귀영달하는 대길의 행운 수이다.

비록 초년에는 어려움이 있다 해도 중년 후기에는 크게 성공하여 재물도 모으고 가문도 빛낸다. 다만 남녀 간에 권위가 높아지면 자칫 오만하여 실패를 자초할 수도 있으니 자중해야 한다.

여성은 현숙하고 가정에 충실하여 사랑을 받으면서 행복을 누리는 대길의 수이다.

17획 [길수] 건양격(建陽格)

강직한 성품이 불굴의 투지로 만난을 극복하고 초지를 관철하여 소기의 목적을 달성하고 고귀한 지위에 오르는 대길의 수이다. 다만 완강한 고집이 화를 자초할 수도 있으니 대인관계를 원만히 유지하면서 자중자애하는 수양을 쌓아야 탈이 없다.

여자는 남성 기질로 변화하여 남자를 이기려는 고집이 생기고 이 고집 때문에 불행에 이르는 흉수가 된다. 다만 선천적으로 허약한 여성은 건강을 유지하기 위하여 가용하기도 한다.

18획 [길수] 발전격(發展格)

철석같은 굳건한 의지로 만난을 타파하고 경영하는 일들을 박력 있게 진취적으로 추진하여 유종의 결실을 거두고 입신양명(立身揚名)하여 고귀한 지위에 오르게 되는 대길의 수이다.

그러나 완강한 고집과 자존심이 인화(人和)를 못 이루고 화를 초래할까 우려되니 모름지기 제반사를 신중하게 살피면서 수행하고 자중자애(自重自愛)해야 한다.

특히 상업을 경영하면 큰 탈없이 크게 발전, 성공할 수이다. 가정적으로 부부의 운도 좋으나 간혹 처음 사귀는 여자와는 성공하기가 어렵고 실패 또는 험난한 수도 따르니 유의하기 바란다.

19획 [흉수] 고난격(苦難格)

두뇌 회전도 빠르고 활동력도 있으나 운수(運數)는 구름에 가려진 달과 같이 빛을 못 보고 하는 일마다 시작은 화려해도 끝맺음이 없으니 백사가 제대로 성취되는 것이 없다. 경영하는 일마다 장애가 따르니 중도에 좌절하기가 쉽고 육친과도 인연이 박약하여 이별, 패가, 고난, 병액 등 불행을 겪게 되는 대 흉수로 친다.

여자에게는 극부(剋夫)의 수가 있어서 불길하다. 간혹 드물게 이 수에서 큰 부자와 기이한 사람이 배출되기도 한다.

20획 [흉수] 허망격(虛妄格)

비록 지혜는 있으나 몸과 마음이 허약하여 일생을 병과 싸우면서 고난을 겪게 되는 수이다. 육친과도 덕이 없고 경영하는 일에도 늘 장애와 역경이 겹치고 화액이 빈발하여 품은 뜻을 제대로 펼 수가 없다. 가정 또한 원만하지 못하여 자녀들의 불행, 이별, 병액, 조난 등 근심이 끊이지 않는 대 흉수이다. 때로는 다소 경제적으로 여유가 생기는 기간도 있으나 그것도 일시적일 뿐, 돌발적인 재액 때문에 다시 곤경에 이르게 된다.

여자에게는 남편의 기운을 극파(剋波)하는 불길한 운수를 암시하니 각별히 수양하고 근신을 해야 겨우 비참한 액운을 모면할 수 있다.

21획 [길수] 수령격(首領格)

성품이 중후하고 슬기로운 지혜와 재치가 뛰어나면서 의지가 건고하고 독립심이 강하여 만난을 배제하고 자립, 대성 발전하는 길수이다. 백사에 권위와 덕망을 구비하여 상하로부터 존경과 신망을 받는다. 그러나 이른 봄 매화 꽃이 피기까지는 다소 눈이나 서리의 찬 고통이 있음과 같이 초년에는 어려움이 따르기도 하나 점진적으로 발전하여 중년 후기에는 크게 영달하여 만인의 우러름을 받으면서 수령격이 되는 대길의 수이다.

여성에게는 수리(數理)가 지나치게 강왕하여 남편의 운기를 가로막고 재액을 자초하기도 한다. 그러나 독신자는 사업을 경영하면 남성을 능가하는 부귀를 누릴 수 있다.

22획 [흉수] 중절격(中折格)

지혜가 총명하고 재치가 있어서 초년에는 성공도 기약할 수 있으나 이 수는 가을철에 서리가 내리는 형상이 되어 의지가 점점 박약하고 무기력하여 대업을 성취하기에는 어려운 운세이다. 간혹 타운과의 배합 여하에 따라 인내성과 탄력성 등이 영동(靈動)하여 사회적으로 상당한 성공을 거두기도 한다.

가정적으로는 파란이 많고 일신도 곤고하며 병난, 불구, 형액, 이별 등 액운이 따르게 되어 흉수로 친다.

23획 [길수] 공명격(功名格)

성격이 명랑하고 자질이 영특하며 탁월한 지도력을 지니고 그 기세는 하늘을 찌를 듯 당당하여 개선장군과 같은 기상이다. 제반사 처리를 박력 있게 추진하여 조기에 소기의 목적을 달성하고 부귀영화를 누리는 대길의 수이다. 다만 지나친 활기가 도리어 재난을 초래할 수도 있으니 어떠한 지위를 막론하고 자중하면서 교만하지 말고 부드럽게 수양을 쌓아야 좋다.

여자는 수리가 너무 강건하여 남편의 운기를 가로막고 불행을 자초하는 흉운을 암시한다. 그러나 홀로 지내는 독신, 독립자는 남성을 능가하는 영달과 출세도 기약할 수 있는 행운도 있다.

24획 [길수] 입신격(立身格)

성격이 유순하고 지혜가 총명하며 재운(財運)도 순탄하여 빈손으로 자수성가(自手成家)하고 가문을 일으키면서 사방에 이름을 떨치는 부귀영달의 대 길수이다.

다만 온유한 성품이 일을 추진함에 너무 소극적이고 의지가 박약하여 처음은 다소 어려움이 따르기도 하나 슬기로운 지혜와 재치로 이를 극복하고 소기의 목적을 달성한다. 만년에는 더욱 사업이 번창하여 부귀와 영화를 함께 누리는 행운의 수이기도 하다.

여자는 애교가 있고 가정에 충실하여 부부가 화목하고 자녀들도 현명하여 영화를 안겨다 주는 안정된 길수로 친다.

25획 [길수] 안전격(安全格)

듬직한 성격이 의지가 굳건하고 생각이 깊다. 매사에 근면 성실하고 자수성가(自手成家)하여 불굴의 투지와 부단한 노력으로 대업을 성취하고 부귀영달의 대길의 수이다. 다만 한 가지 완강한 고집이 불화와 장애가 될까 우려되니 심덕을 기르는 수양을 쌓아야 탈이 없다.

여성은 애교가 있고 사교성도 좋으며 부부가 유정하고 자녀들도 현명하며 행운을 누리는 길수가 된다.

26획 [흉수] 영웅시비격(英雄是非格)

이 수리(數理)는 영웅(英雄), 변괴(變怪), 파란(波瀾) 등을 암시하여 대발명가, 대철학가, 대문호(大文豪), 지사(志士), 괴걸(怪傑) 등이 배출되는 운수이다. 대체로 의지가 강하고 활동력도 있으나 인정미가 없는 냉정한 성격이다. 비록 초·중년에 의외의 성공을 한다 해도 덕망이 없어서 존경을 못 받고 재능을 너무 과신하고 오만 방자하여 중년 후 말년 초에 실패를 하고 좌절하는 수가 있다.

가정적으로도 부부운, 자녀운이 모두 아름답지 못하고 일신은 지난날 한때의 성공을 회상하면서 쓸쓸하게 말년을 허송하여 흉수로 친다. 간혹 소경이 되거나 도벽(盜癖), 황음(荒淫)에 빠지는 수도 있고 여자는 남자의 운기를 극파(剋波)하여 독신으로 지내는 경우가 많다.

27획 [중길수] 중단격(中斷格)

영특한 재주와 비상한 두뇌의 회전으로 계획은 잘 이루지만 추진하는 과정에 장애물이 출현하여 실패, 좌절하는 중단 수가 있다.

이 수의 수리는 대체로 조숙하여 중·장년에 일찍 발달하고 중·말년에 실패를 한다. 특히 성격이 오만하고 너무 잘난 체하여 대인관계가 원만하지 못하고 비난의 대상이 되기도 한다. 말년에는 불행하게도 역경에 이르러 조난, 형액, 불구, 고독, 이별 등 흉액이 따르는 운세이다. 다만 자신을 성찰하고 중용을 지키면서 성실하게 노력만 하면 실패를 모면하고 부귀와 영화를 누리는 길운도 내포하고 있다.

여자에게는 극부(剋夫)의 수가 되어 불길하다. 만일 거듭 이 수가 들게 되면 일생 중 한 번은 형액을 면하기가 어렵다고 본다.

28획 [흉수] 파란격(波瀾格)

만경창파(萬頃蒼波)에 외로이 떠 있는 일엽편주(一葉片舟)의 형성이라 파란과 역경이 끊이지 않는 곤고한 운세라 가정이 무고하면 일신에 풍파가 생기고 일신이 무고하면 가정에 파란이 야기되어 일생에 행복을 모르고 지내는 기구한 파란만장의 운세이다.

육친과도 인연이 박약하여 이별, 조난, 불구, 형액 등 흉액이 따르고 여자에게는 남자의 운기를 파극(波剋)하여 독신 생활을 하기가 쉽다. 그리하여 일신이 늘 외롭고 고단해도 의지할 곳이 없으니 말년이 처량하기만 하다.

29획 [중길수] 성공격(成功格)

사람됨이 출중하고 지혜와 수완, 역량 등을 두루 겸비한데다가 여기에 따르는 권세의 운도 있으니 처음에 품은 뜻을 저버리지 말고 성실히 노력하면 소기의 목적을 순탄하게 달성한다. 대체로 관운도 좋고 재운도 있어서 영화롭게 부귀 현달하고 행복하게 장수를 누리는 길수로 친다. 다만 지나친 욕심이 실패를 유발할 수도 있으니 자중자애하는 수양이 요망된다.

여성은 남성화(男性化)하여 남편을 파극(破剋)하는 준과부(準寡婦)의 운세라 여성에게는 불길한 수가 된다.

30획 [흉수] 부몽격(浮夢格)

선악을 분별하지 못하고 갈팡질팡하는 부침이 많은 운세라 타향을 전전하면서 하는 일은 많으나 제대로 성사되는 것이 없으니 안타깝기만 하다. 특히 일확천금을 노리는 투기업이나 분수에 넘치는 일을 도모하면 크게 낭패를 보기가 쉽고 부지중에 몰락하여 세월만 탄식하는 불길의 수이기는 하나 다만 일정한 업종에 성실히 노력하면 평안을 얻을 수도 있다. 만일 그렇지 못하고 한군데 뿌리를 박지 못하면 고독, 조난, 형액, 이별 등 흉수만 따르게 된다.

여자에게는 불길한 극부(剋夫)의 수가 내포되어 평생을 외롭게 지내야 하는 불행의 수이다.

31획 [길수] 융창격(隆昌格)

성품이 원만하고 의지 또한 굳건하여 어떠한 난관에 이르러도 능히 극복하고 대업을 성취할 수 있다. 지(智), 인(仁), 용(龍)의 삼덕을 구비하여 많은 사람을 거느리고 상사나 부하로부터 신망과 존경을 받으면서 영화롭게 부귀공명을 이룩하여 행복을 누리는 대 길수이다. 가정적으로도 화목하고 자녀들도 현명하여 영화롭다.

여자도 남자와 같이 동일한 행복을 누리면서 부부는 단란하고 집안이 평화로운 길수가 된다.

32획 [길수] 요행격(僥倖格)

부드러운 성품이 인자하고 친화력이 좋으며 견고한 기반을 이룩하여 예상외로 자산이 늘어나는 요행 수가 있다. 이는 흡사 목마른 용이 물을 얻은 격이 되어 성실하게 노력만 하면 상사의 도움도 받고 좋은 여건과 기회도 주어져 대성 발전하고 부귀와 영화를 누리면서 가문을 일으키는 행운의 요행수이다.

여자도 부부의 금실이 아름답고 만사가 형통하여 부러움 없이 행복을 구가하는 최상의 길수로 친다.

33획 [길수] 승천격(昇天格)

사람이 헌출하고 지략(智略)이 있으며 재덕(才德)을 겸비하여 포부도 크고 도량도 넓다. 과단성 있는 불굴의 추진력과 뛰어난 지략으로 만난을 배제하고 대업을 성취하는 대길의 수이다. 이 수의 수리는 너무 진귀하여 잘못되면 급변(急變), 전락(轉落) 참담하게 되는 수도 있으니 대인관계를 원활히 유지하면서 두터운 덕을 쌓게 되면 한층 더 융성하여 일찍이 성공하고 만사가 형통하는 행운의 수가 된다.

여성에게는 극부(剋夫)의 운이 내포되어 남편의 덕이 없고 생사의 이별 수가 수반되어 흉수로 친다. 다만 독신으로 사업을 경영하면 자립, 대성할 수 있으나 평생을 외롭게 지내야 되는 불행을 암시한다.

34획 [흉수] 파멸격(破滅格)

패가망신을 유도하는 파멸의 수로서 불의의 재화가 속출하고 어천만사의 뜻과 같이 되는 일은 없이 참담하게 불행에 빠져드는 대흉수로 친다. 이 수의 수리는 식복(食福)이 있어서 한때의 평온은 유지해도 가정적으로 파멸을 모면하기가 어렵고 비통, 병액, 이별, 형액 등 흉화가 극심한 것으로 본다. 간혹 희귀하게 한번 크게 성공하는 사람도 왕왕 볼 수 있다.

만일 여성에게 이 수가 거듭 이중으로 들어 있으면 일생 중 한 번은 형액을 치를 불길한 수이다.

35획 [길수] 평범격(平凡格)

성정이 유순하고 지략이 뛰어나며 문학과 예능 방면에도 소질이 있고 제반사를 성실히 수행하여 별 어려움 없이 성공할 수 있다. 충직한 성품이 주어진 직장이나 사업에 변화 없이 종사하고 대인관계도 원만하여 상사나 부하로부터 신망과 존경을 받는다. 일생을 맡은 바 직능에 정성을 다하여 순탄하게 성공하고 부귀장수를 누리는 대길의 수이다.

여성은 부덕을 겸비하고 내조의 공을 이루며 자녀들도 현명하여 영화와 행복을 누리게 된다.

36획 [중길] 의협격(義俠格)

명석한 두뇌와 대붕의 웅지로 대의를 위해 살신성인(殺身成仁)하는 의협심이 두터워 한때의 풍운아(風雲兒)로 군림하기도 하나 일생에 부침(浮沈)이 많고 파란이 빈번하여 실패 후에 성공하고 성공 후에 실패하는 영고성쇠(榮枯盛衰)의 굴곡이 많은 운세이다. 이래서 성공 후에 잘 챙기면 일생을 편안하게 지낼 수도 있으나 만일 그렇지 못하고 투기심을 가지면 낭패를 당하고 불의의 재액을 초래하게 된다. 간혹 병액, 단명, 이별 등의 흉액수도 따르나 항상 내 주변을 잘 살피고 수양하는 마음으로 늘 근신하면 무난하리라.

여성에게는 남자의 운을 파극(破剋)하여 외로이 홀로 지내야 하는 불행한 운기를 내포하고 있다.

37획 [길수] 인덕격(人德格)

성품이 후덕하고 의지가 굳건하며 재주도 뛰어나 만난을 배제하고 천부의 행운으로 대업을 성취하여 만인의 존경과 신망을 받고 영화롭게 부귀와 행복을 누리는 대길의 수이다.

특히 평생에 공덕을 많이 쌓고 후세에까지 명성을 떨치는 특성도 있으나 다만 권위만 앞세우고 경거망동(輕擧妄動)하다가는 천부의 행운도 놓치고 전락하는 수도 잠재해 있으니 항상 덕성을 기르는 데 소홀함이 없이 최선을 다해야 한다.

38획 [길수] 복록격(福祿格)

유순한 성격이 재주 있고 총명하여 문학적인 소질도 다분히 있고 또한 예능 계통이나 기능 분야에서도 자질이 구비되어 품은 뜻을 영화롭게 성취하고 입신양명(立身揚名)하면서 고귀한 행복을 누리는 대길의 수이기는 하나 다만 그 평범한 의지가 박약하여 무기력하고 대중을 거느리는 통솔력이 부족하여 실의에 빠지면서 공연히 이상적인 환상에 번민하기도 한다.

비록 큰 뜻을 품고는 있으나 소기의 목적을 달성하고 관철하기에는 조금의 어려움이 있기도 하다.

39획 [길수] 안락격(安樂格)

이 수의 운세는 풍랑이 평정된 안락의 기상이라 품성이 깨끗하여 인격적 존엄성을 지니고 벼슬운이 좋아서 순탄하게 입신양명(立身揚名)하고 부귀영화를 누리는 최상의 대길수이다. 그러나 지나치게 존귀한 수가 되어 유 · 소년기에 한 번, 청 · 장년기에 한 번 재액을 당하게 되나 그것도 무난히 넘기고 장년기 중반부터는 순풍이 부는 대로 돛을 올리고 편안하게 재물도 모으고 지위도 향상되어 부귀와 영화를 함께 구가하는 운세가 된다. 다만 길상(吉祥)의 수에는 항상 흉수도 안으로 품고 있으니 교만하지 말고 겸손해야 한다.

여성에게는 너무 과한 불길한 수가 되어 함부로 쓰지 않는 것이 좋다.

40획 [흉수] 무상격(無常格)

지혜도 슬기롭고 담력도 있으나 덕망을 갖추지 못하여 품행이 불손하고 하는 일도 항상 제자리걸음을 벗어나지 못한다.

일생에 부침과 변화가 무상하여 혹 한때 성공을 해도 모험을 건 투기심이 불의의 재화를 자초하여 비참한 곤경에 이르는 흉수이다.

평소 임기응변의 재치가 지나쳐 주위의 친지로부터 배척을 당하고 또한 덕망이 없어 대업을 지키지 못한다. 그래서 평생을 여한에 싸인 채 허송세월하게 되는데 다만 처세에 겸손하고 성실하게 분수를 지키면 평안을 누릴 수도 있다.

41획 [길수] 대공격(大功格)

덕망을 겸비하고 의지가 견고하다. 현명한 두뇌와 천부의 길운으로 대망을 달성하고 대중의 사표(師表)가 되어 만인이 우러러 존경하는 부귀영화와 행복을 함께 누리는 대길수이다.

덕망과 수완을 겸비하고 매사에 성실한 노력과 천부의 행운으로 대업을 성취하여 세상을 놀라게 할 뿐 아니라 후세에 길이 빛나는 이름을 떨칠 수도 있다.

42획 [중흉] 고행격(苦行格)

사람이 민첩하여 세정에도 정통하고 다예 다능하나 여러 방면으로 손을 대기 때문에 하나도 제대로 성공하는 것이 없다. 내성적인 성격에 의지가 박약하고 추진력과 진취성이 결핍되어 좋은 여건과 기회를 상실한다. 혼미한 편견과 아집은 발전의 운기를 가로막고 스스로 고난을 자초하여 외롭고 참담한 비애의 운세가 된다.

가정적으로도 불행한 수이기는 하나 모름지기 한 가지 일에 전념하고 꾸준히 성실하게 노력만 하면 상당한 성공도 기약할 수 있다.

43획 [흉수] 미혹격(迷惑格)

이 수의 수리는 비 내리는 밤 산만하게 떨어지는 꽃잎과 같은 형상이라 선천적인 흉운을 암시한다. 비록 다양한 재능과 기술이 있다 해도 어려움이 많을 수다. 외관상으로 보기에는 화려하게 보여도 내면적으로는 공허하여 파란 속에서 고생을 하는 운격이라 일생에 재난이 거듭 발생하여 재산을 흩트리고 정신적 장애를 일으키는 불의의 재앙을 초래하는 수도 있으나 다만 건실하게 기초부터 다지고 내실을 충실히 다독거리면 성공도 기약할 수 있다.

여성에게는 정조 관념이 희박하고 재물운도 불리하면서 자손의 근심만 따르는 불길한 수로 본다.

44획 [흉수] 마장격(魔障格)

이 수의 수리는 참담한 비운을 안고 있는 패가망신의 흉수이기는 하나 방향과 기회만 잘 잡으면 급성장할 수도 있다. 대개 중·장년기에 행운을 맞아 성공을 한다 해도 중년 말기에는 곧 기울어지는 처량한 운세이다. 매사 하는 일에 장애와 노고가 따르고 좌절하기가 쉬우며 가정적으로도 불행하여 가족과의 이별, 병고, 조난, 불구 등의 흉수가 내포되어 불길한 수이기는 하나 간혹 위인, 열사, 효자, 절부, 발명가 등이 이 수리에서 배출되기도 한다.

45획 [길수] 대지격(大智格)

영민한 지혜와 견고한 의지가 흡사 순풍에 돛을 달고 잔잔한 호수로 나아가는 형상이 되어 대망의 대업을 순탄하게 성취하고 만인의 존경과 신망을 받으면서 영화롭게 부귀와 공명을 누리고 후손에게까지 이름을 떨칠 수 있는 대길한 수이다.

다만 중년 말 이전에는 한 번은 큰 재난을 겪을 수도 있으나 이를 돌파하면 일거에 성공한다. 그리고 명석한 두뇌에는 항상 시기하고 저항하는 흉수가 안으로 잠재하고 있으니 물욕에 빠져들지 말고 대인관계를 원만히 유지해야 탈이 없다.

여자는 자기의 슬기로운 지혜를 과신하거나 오만하지 말고 억제하면서 순종하는 미덕을 쌓으면 크게 평안하고 행복을 누리게 된다.

46획 [흉수] 부지격(不知格)

우직한 성품이 포부도 크고 다재다능하나 세상 물정이 어둡고 의지가 박약하여 자립 대성하기는 극히 어렵다. 특히 기괴한 변괴수가 함축되어 때로는 의외의 행운도 잡을 수 있으나 곧 쇠퇴하고 재앙과 파재(破財)운이 이르러 슬픔을 겪게 된다.

그래서 일생을 정처 없는 구름처럼 외로이 타향에서 전전하다가 비참한 불행을 맞게 되는 대흉수이다.

간혹 뜻을 세우고 근면 성실하게 노력하여 성공하는 예도 있으나 대체로 불행하다.

여자는 간혹 특별한 예능으로 출세하여 행복을 누리기도 한다.

47획 [길수] 출세격(出世格)

견고한 의지와 풍후한 식록이 흡사 꽃이 피고 열매를 맺는 형상과 같아서 백사가 순탄하게 성취되어 소기의 목적을 달성하고 공명을 떨치는 천부의 대길수이다.

원만한 성품이 성실하게 노력하여 상사와 선배들이 도와주고 원근의 친구들이 협력하여 별 어려움을 모르고 출세한다.

가정도 화목하고 자녀들도 현명하여 일생을 영화롭게 행복을 누리는 수이다. 특히 이 수의 수리는 남녀 다 같이 재운이 좋고 만사가 순성하는 대부(大富) 대길(大吉)의 수로 보고 있다.

48획 [길수] 유덕격(有德格)

슬기로운 지혜와 두터운 덕망을 겸비하여 명예를 누리고 대중의 사표(師表)가 되어 존경을 받는 고귀한 운세를 형성한다.

특히 천부의 재운을 받아서 독자적인 사업을 경영하는 것보다는 남을 지도하는 입장에서 고문 같은 직위나 상담역 같은 역할을 하면 더욱 아름다운 명예와 복덕을 누릴 수도 있다.

일생을 한유하게 부귀와 명예를 누리고 편안하게 장수하는 최상의 길수가 된다.

49획 [중흥수] 은퇴격(隱退格)

사람은 재주도 있고 수완이 비상하나 길흉을 가리기가 어렵다. 이 수의 수리가 좋을 때는 한없이 좋고 이와 반대로 흉할 때는 대흉하여 길흉을 판별하기가 어렵다. 반평생의 고난과 반평생의 행운이 상반되는 길흉의 변화가 무상하여 장년 중반기 이전은 대길하고 장년 후반기 이후 말년에는 비운의 화액이 이르러 대흉하다.

이와 달리 장년 중반기 이전에 대흉하면 장년 중반기 이후부터는 대길할 수이니 성공 후에는 욕심을 내지 말고 명예롭게 은퇴하여 재산과 신변을 잘 관리 보존하면 편안을 누릴 수도 있으나 그렇게 좋은 운세로는 보지 않는다.

50획 [중흥수] 부몽격(浮夢格)

길흉이 반반인 일승일패의 꿈과 같은 운격이라 한번 성공하면 한번 실패하고 한 번 실패하면 한 번 성공하는 길흉의 변화가 무상하게 따르는 운세이다. 사람도 총명하지 못하고 우매하여 자립 대성하기는 어렵다. 다만 작은 성공이라도 했다면 반드시 근신을 해야 한다. 그렇지 않으면 불행의 역경에서 헤어나지 못하고 병고, 형액, 고독 등 불행이 따르는 운세가 되어 만년운이 처량하다.

51획 [중흥수] 길흉상반격(吉凶相半格)

행·불행이 그림자처럼 따라다니는 일승일패의 길흉이 서로 반반인 운세가 되어 처음은 비록 곤고하고 어려움이 있다 해도 불굴의 투지로 성실하게 노력하면 자수성가하고 종내에는 대업을 성취할 수 있다. 그러나 애석하게도 만년에는 쇠운이 다시 도래하여 실패, 좌절하고 실의에 빠져들면서 곤고하다. 이는 인생이 무상하여 밤하늘 달빛을 구름이 지나면 다시 가리고 가렸거니 하면 다시 지나가는 형상이라 일생에 부침이 많고 번거로운 운세가 되어 흉수로 친다.

다만 평소에 수양을 쌓고 자중자애하면 평안을 누릴 수도 있다.

52획 [길수] 선견지명격(先見之明格)

슬기로운 지혜와 영민한 자질이 세정에 정통하여 판단이 빠르고 대업을 창립해도 명석한 두뇌와 굳건한 의지로 만난을 극복하고 대성 발전한다.

본시 앞을 내다보는 선견지명이 있고 또한 하늘이 내린 행운으로 이상을 실현하는 부귀 겸전의 대길수인지라 대개 이 수리에서 대기업가, 대학자, 대정치가 등이 많이 배출되기도 한다. 만일 정치에 뜻이 있으면 장년기 이후 말년에는 과감하게 도전도 해볼 만하다.

53획 [중흥수] 우수격(憂愁格)

외관상 보기에는 부자처럼 보여도 내면적으로는 곤고하고 근심이 많은 운세이다. 대개 전반기 반평생은 행복하지만 후반기 반평생은 불행하다. 간혹 전반기 생애에 역경과 불행이 있었다면 후반기 생애에는 부귀와 행복을 암시하는 반흉, 반길의 수이다.

54획 [흉수] 신고격(辛苦格)

이 수의 수리는 어려움이 많은 참담한 신고의 흉수로서 의지가 박약하고 판단이 혼미하여 근심과 고난이 끊이지 않는 대패의 수이다. 항상 밖으로는 장애와 변화가 많고 안으로는 가정이 원만하지 못하여 다툼이 많으니 백사가 하나같이 성취되는 것 없다.

그래서 일신은 늘 우울하고 번민하며 병액과 고독, 이별 등의 불미한 일들이 발생한다. 다만 전반기에 간혹 행복한 사람도 있으나 이도 후반기에는 비운에 빠져들게 되니 이미 이름을 가진 사람은 곧 개명할 것을 권유한다.

55획 [중길수] 불인격(不忍格)

겉으로 보기에는 화려하고 행복해 보여도 내면적으로는 허실하고 고충이 많이 따르는 길흉이 상반의 수이다. 모든 일에 계획은 잘 세워도 중도에서 좌절하기가 쉽고 유종의 결실을 거두기가 어렵다. 다행히 행운을 잘 포착하여 성공을 하더라도 장애가 속출하여 오래 가지를 못하고 백사가 여의치를 못하니 항상 마음이 불안하고 초조하여 의지가 약하고 추진력이 부족하여 성공을 기대하기가 어렵다.

그러나 한편 굳건한 의지로 만난을 극복하고 성실히 노력하면 성공도 기약할 수 있으니 용기를 잃지 말고 과감하게 정진해야 한다. 본시 배를 몰고 산으로 오르는 형상과 같아서 근본 마음 자세부터 수정이 필요하다. 일생에 세 번 주어지는 좋은 기회를 잘 포착하면 성공도 가능하며 또한 타운과의 배합이 좋아도 다시 길수로 변화될 수리를 내포하고 있는 운격이다.

56획 [흉수] 부족격(不足格)

내성적인 성격이 의지가 약하고 사업에 대한 의욕과 용기가 결핍되어 큰일을 성취하기에는 극히 어렵다. 그래서 한 가지 일이 생길 때마다 한 가지 일을 잃게 되고, 한 가지 일에 힘을 기울일수록 함정으로 빠져들게 되어 더욱 용기를 상실하게 된다.

그러나 40세 이후가 되면 따뜻하게 보살펴 주는 구원의 손길도 있으니 이 기회를 놓치지 말고 잘 포착하여 잔여 인생의 설계를 슬기롭게 꾸며야 탈이 없고 여생이 편안하다.

57획 [길수] 노력격(努力格)

풍상(風霜)을 감내(堪耐)하는 고고한 송백(松栢)과 같은 기상이라 하늘이 주어진 행운을 향수하여 부귀영화를 누리는 행운의 대길수이기는 하나 한 번쯤은 실패하고 고난과 역경에서 험난한 수를 겪기도 한다.

본시 성격이 중후하고 매사에 의욕적이라 어떠한 난관도 충분히 극복하고 광명을 되찾는 부귀번영의 운세이니 부단하게 노력만 하면 대성한다. 또한 여타의 운격이 좋으면 더욱 발전하고 성공하는 최상의 길수로 친다.

58획 [길수] 만성격(晩成格)

대기만성(大器晩成)의 운격이라 일생에 성패의 부침이 많다. 처음은 어렵게 사업을 성취해도 곧 크게 실패를 한다. 그래도 다시 재기하여 더욱 큰 대업을 달성한다. 이는 오로지 굳건한 의지와 성실한 노력이 없었다면 재기가 불가능하였을 것이다. 특히 이 수의 수리는 지략(智略)과 담력(膽力)은 있으나 극단에서 극단으로 바뀌는 운기를 내포하고 있으니 모름지기 불운할 때에는 이를 극복하는 인내심을 가장 필요로 한다.

여성은 애정 문제로 기인하여 크게 번민하거나 파탄에 이를 수도 있으니 흉수로 본다.

59획 [흉수] 실망격(失望格)

내성적인 성격이 의기소침하고 용기와 인내심이 부족하여 하는 일마다 시작은 많아도 끝맺음이 없는 유시무종(有始無終)의 기상이라 백사가 제대로 성사되는 것 없으니 성공을 기약할 수가 없다.

한번 재화를 만나면 이를 극복하지 못하고 실의에 빠져들어 좌절하게 되니 재기가 불가능하다. 불운할 때일수록 마음을 대범하게 가지고 굳건한 의지와 성실한 노력으로 타개를 하고 행복의 구심점을 찾아야 할 운세이다.

60획 [흉수] 암흑격(暗黑格)

이 수의 수리는 경영의 성공 여부는 고사하고 방침이나 계획이 전혀 수립되지 않은 무모한 상태에서 시작하여 만에 하나도 제대로 성사되는 것이 없는 흉수이다. 그래서 사업은 언제나 불안하고 처세에 풍파를 예측할 수 없으니 혼자서 번민하고 공연히 동분서주(東奔西走)하게 된다. 일생에 행운을 모르는 운세라 여기에다 가정도 불행하여 재화와 병난, 단명, 형액 등 불길한 운기를 유발하여 대흉수로 친다.

61획 [길수] 영달격(榮達格)

하늘이 내려준 행운으로 부귀와 명예를 한 몸에 지니고 사회적 신망과 대중의 존경을 받으면서 일생을 영화롭게 행복을 누리는 최고의 길수로 친다. 그래서 만사가 뜻과 같이 성취되어 재물도 모으고 명예도 얻는 부귀 겸전의 운세이기는 하나 이기적인 성격이 오만불손하여 화액을 자초하고 눈물을 흘리는 형별의 수도 잠재하고 있다.

가정적으로는 형제간에 우애가 없고 서로 다투며 불목하여 고독에 빠져드는 수도 내재하고 있으니 평생에 덕성을 기르면서 인화에 노력하고 자중자애(自重自愛)하면서 근신을 해야 탈이 없고 행복하다.

62획 [흉수] 곤액격(困厄格)

기반이 허약하고 신빙성이 없는 데다가 사람마저 무기력하여 대사를 성취하기에는 극히 어렵다. 가운도 점점 쇠퇴하고 또한 뜻밖에 재난이 내습하여 심신이 허약하고 제반사 하는 일도 제대로 성사되는 것이 하나도 없다.

가정도 불행하여 가족은 화목하지 못하며 서로 번민 속에서 행복을 모르고 지내야 하는 대흉수이다.

63획 [길수] 길상격(吉祥格)

순풍에 돛을 달고 잔잔한 호수로 나아가는 환희의 길상이라 경영하는 일들이 순탄하게 성취되어 대성 발전하고 재물도 모으면서 사회적으로 신망을 받는 대길의 수이다. 인격적으로도 기품과 지략이 있고 처음 품은 뜻을 관철하는 집념과 투지로 만난을 극복하고 부귀와 영화를 누리는 행운의 수이다.

가정에는 자녀들도 현명하고 영달하여 주위의 우러름을 받으면서 일생을 편안하게 행복을 누릴 수이나 다만 결심한 일은 시종일관 과감하게 추진해야지 중도에서 뜻을 바꾸거나 그만두게 되면 좋지 못하다.

64획 [흉수] 침체격(沈滯格)

재주도 있고 계획 같은 것을 잘 세우기는 하나 성패와 부침이 많이 따르는 운세가 되어 매사에 성공을 이루지 못하고 불행에 이르는 흉수로 본다. 또한 설상가상(雪上加霜)으로 뜻하지 않은 재화가 침범하여 가정이 불안하고 형제가 흩어져야 하는 비운이 잠재하고 경영하던 사업도 차질을 가져와 끝내는 실의좌절(失意挫折)하게 되는 흉수이다.

부부간에도 애정이 없고 일신은 병약하여 고독, 곤고, 단명 등 불안을 암시하고 만년 생애가 처량한 신세가 된다.

65획 [길수] 공명격(公明格)

성품이 인자하고 후덕하며 제반 처사가 공명정대(公明正大)하여 사회로부터 신망과 존경을 받고 아울러 공명과 부귀가 함께 따르는 대길의 운세라 경영하는 사업은 만난을 배제하고 날로 번창하여 소기의 대업을 성취하고 사방에 이름을 떨치면서 만인의 우러름을 받는 부귀영달의 대길수이다.

가정적으로도 원만하고 자녀들도 현숙하며 일신도 편안하게 장수를 누리게 된다.

66획 [흉수] 실복격(失福格)

성품이 영민하고 재주도 있으나 욕심이 너무 지나쳐 스스로 함정을 파고 상하로부터 신망을 잃게 되는 불행한 흉수로 본다. 경영하는 사업도 비운에 빠지고 고난과 재액이 교차로 내습하여 진퇴양난의 역경에 이르게 된다. 이는 흡사 밝은 달이 뜨는가 싶더니 곧 검은 구름에 싸여 빛을 보지 못하는 격이 되어 끝내는 패가망신하고 불행하게 되는 실복(失福)의 수라 한다.

67획 [길수] 형통격(亨通格)

이 수의 수리는 하늘이 내린 사통팔달(四通八達)의 형통(亨通)수가 되어 만사가 뜻과 같이 형통하고 빈손으로 자수성가하여 독자적으로 대망의 대업을 성취하고 부귀영달하는 대길수로 친다. 특히 자주정신이 강하고 독창력이 뛰어나며 상하의 도움과 후견에 힘입어 순탄하게 앞날을 개척하고 크게 성공한다.

가운도 번창하여 집안이 화목하고 원만하다. 다만 천부의 행운을 저해하는 것은 과대한 욕심이 대패의 흉수를 유도하여 급전전락(急轉轉落)하는 비운에 빠지는 수도 있으니 과욕을 억제하고 자중자애(自重自愛)하는 수양을 쌓아야 한다.

68획 [길수] 명실상부격(名實相符格)

지혜가 총명하고 매사에 빈틈 없는 주밀한 성품이 근면, 성실하고 창의성도 뛰어나 앞날의 대업을 무난히 성취할 수 있는 명실상부(名實相符)한 부귀 겸전의 대길수이다. 범사에 사리 분별이 분명하고 치밀한 계획이 용의주도하여 사회적으로 신망을 받으면서 부귀와 영화를 누릴 수 있다.

다만 치밀한 성격이 교만하거나 우쭐하게 되면 상하로부터 협조를 상실하고 실패를 초래할 수도 있으니 각별히 유념해야 한다.

69획 [흉수] 궁박격(窮迫格)

재능과 지략은 뛰어나지만 앉으나 서나 불안하고 궁박한 운격이 되어 부침과 성패가 빈번하여 실의에 빠지고 좌절하는 불길한 흉수이다. 처음 하는 일은 근사하고 화려해도 부지중에 비운으로 빠져든다. 그래서 백사 하는 일이 불안정하고 파란을 초래하여 고적하게 고통을 겪게 된다. 돈이 있어도 오래가지를 못하고 세상을 즐겁게 살려고 해도 즐거움을 느낄 수 없는 불행한 운격이다.

70획 [흉수] 암난격(暗難格)

천부의 숙운(宿運)이 박약하여 인덕이 없고 근심과 고난이 끊이지 않는 공허하고 적막한 비운의 불길한 수이다. 이는 흡사 마루 밑 흙처럼 햇빛을 보지 못하고 사회적으로 무용한 사람이 되어 평생이 불행하다. 여기에다 설상가상(雪上加霜)으로 가운도 쇠퇴하여 부부는 이별하고 외로이 타관 객지에서 전전하다가 병난으로 재기가 불가능하며 여생을 참담하게 보내게 된다.

71획 [중길수] 내허격(內虛格)

외관상 보기에는 충실하게 보여도 내면적으로는 허실하다. 외실내허(外實內虛)의 운기가 되어 하는 일마다 처음은 화려해도 항상 괴로움을 내포하고 근심과 고난이 따르게 된다. 본시 부귀영달의 운이 없는 것도 아니나 인내심과 실천력이 부족하여 처음 품은 뜻을 관철하지 못하고 진취적 용기를 상실하여 대망의 대업을 성공하기가 어렵다.

그러나 근면, 성실하게 부단히 노력만 하면 작은 성공은 기약할 수도 있으니 인내심을 가지고 꾸준히 실천하면 평범하게 편안한 행복은 누릴 수 있다.

72획 [중흉수] 상반격(相半格)

즐거움과 괴로움이 서로 반반인 상반격(相半格)은 늘 불안정하다. 길운이 왔다 하면 곧 비운이 닥치고 희비가 교차되는 성패가 많은 운세다. 외관상 보기에는 길상인 듯해도 내면적으로는 공허하고 불행하다.

대개 전반기 반평생이 행복하면 후반기 반평생은 불행하고 말년에는 비참하게 되는 비운을 암시한다. 일생을 통하여 괴로움 가운데 평안을 얻고 행복한 가운데 고통이 따르는 운격이 되어 흉이 7이면 길이 3인 7:3의 불길한 비율로 보고 있다.

73획 [중길수] 지고무용격(志高無勇格)

사람은 현명하지도 못하면서 뜻과 이상만 높고 창의력과 추진력이 미약하여 대업을 달성하기에는 미흡하다. 그러나 작은 소규모의 사업은 별 어려움 없이 성공하여 평안을 누릴 수 있다. 대체로 일생을 통하여 별 근심 없이 순탄하게 안과할 수 있는 평범한 수리로 친다.

다만 허영심과 명예욕을 버리고 대세에 순응하는 중용의 길을 지켜야 탈이 없이 무난하리라.

여성은 가정에도 충실하고 남편의 덕이 많으며 자녀 또한 현명하여 영달하는 대길수로 본다.

74획 [흉수] 불우격(不遇格)

시운을 잘못 만나 추풍에 낙엽처럼 떨어지는 불길한 수이다. 지혜와 능력도 없이 이리저리 헤매다가 한평생을 무료하게 무위도식하면서 세월만 허송하는 무용한 존재가 되어 밖으로는 우롱과 조소를 당하고 안으로는 비난과 갈등의 대상이 된다.

가운도 쇠퇴하여 뜻밖의 재액이 발생하여 어려움이 많다. 일생을 역경과 험로에서 벗어나지 못하고 불우한 인생을 외로이 탄식하는 대흉수로 친다.

75획 [중길수] 정수격(靜守格)

성품이 유순하고 정직은 하나 사회적인 지혜와 수완이 부족하고 매사에 판단과 계획성 없이 뛰어들게 되어 대패를 자초한다. 간혹 뜻밖에 성공을 거두기도 하나 곧 실패하고 또한 타인으로 기인하여 낭패를 당하고 실의에 빠지기도 한다. 모름지기 분수를 지키고 침착하게 한 걸음 물러나 자중자애하면서 근면, 성실해야 사업도 순조롭고 가정도 편안하다. 매사에 일보 전진하면 다시 뒤를 살피고 생각하면서 나아가야 탈이 없고 행복을 누리는 중길수가 된다.

76획 [흉수] 난이격(難移格)

집안 운기가 쇠퇴하여 육친(六親)이 모두 무덕하고 집안 식구들은 사방으로 흩어지면서 명예와 지위는 떨어지고 재산도 파산되는 대흉수로 친다. 가정의 불화, 대인관계의 쟁탈, 실패, 실직, 빈곤 등 흉액이 겹치고 실의와 절망의 구렁에서 허덕이는 불행이 따르나 그렇다고 누구에게 의지할 곳도 없고 하여 외롭게 방황하다가 병고에 시달리는 불행한 운격이다.

여성은 홀로 지내기가 쉽고 자녀의 운도 희박하여 한평생을 비운 속에서 외로이 탄식하며 살아야 하는 불길한 수이다.

77획 [중길수] 개화무실격(開花無實格)

이 수의 수리는 꽃은 피어도 열매가 없으니 길흉이 반반이다. 전반기 중년은 장상(長上)의 혜택과 도움을 받아 순탄하게 행운을 누릴 수 있으나 후반기 말년은 결실을 못 이루고 불행에 이르는 운세가 된다. 간혹 전반기가 불행하고 비운에 처한 사람은 후반기에 행운을 맞이하여 부귀 현달 하는 수도 있다.

인생의 영고성쇠(榮枯盛衰)는 스스로 개척하고 전환하는 역량이 가장 중요하니 모름지기 수양과 덕성을 쌓으면서 성실하게 부단한 노력을 경주해야 한다.

78획 [중길수] 화복상반격(禍福相半格)

인생의 전반기는 즐겁고 후반기는 괴롭다는 전락후고(前樂後苦)의 운격이라 길흉화복(吉凶禍福)이 반반이다. 대개 중년 전반기에 지능이 조기 발달하여 부귀영달을 누리지만 중년 후반기부터는 점차 운기가 쇠퇴하여 어려움이 따르고 만년에는 더욱 곤고하여 불행에 빠져드는 불길한 운격이다.

간혹 삼재(三才)와 타운과의 배합이 좋으면 무난하게 행운을 얻을 수도 있으나 다만 자기 욕심만 챙기고 돈만 모으게 되면 행운은 중도에서 무너지고 만년은 더욱 처량하게 될 것이다.

여성은 두 번 결혼하기가 쉽고 자녀들의 영광도 혜택도 없는 불길한 수로 본다.

79획 [흉수] 곤핍격(困乏格)

육신은 비록 건강하나 정신 상태가 불안정하여 궁극에는 빛을 보지 못하고 궁핍하게 되는 불길한 수이다. 사물에 대한 용기는 있으나 지혜와 수완이 부족하여 남보다 노력은 많이 하면서도 이득 등 남과 같이 챙기지 못하니 한평생 빛을 못 보고 또한 한번 실패하면 좌절하여 실의에 빠지고 다시 재기해 보겠다는 정신적 집념이 결핍되어 궁극에는 처참하게 참패를 당하는 비운의 불길수이다.

그러나 항시 도덕과 의리와 신용을 지키고 세인의 공격과 비난의 대상이 되지 않으면 주위의 도움으로 행운이 전개될 수도 있으니 너그럽게 수양을 쌓아야 한다.

80획 [흉수] 축소격(縮小格)

한평생 생애에 파란과 장애가 연속되는 대흉수로 친다. 의식은 보통 생계를 평범하게 누릴 수 있으나 정신적으로 항상 불평과 불만 속에서 세상을 원망하고 고난을 겪으면서 일생을 자탄하는 기구한 운격이다. 위를 쳐다보아도 한이 없고 또한 아래를 굽어보아도 한이 없는 것이니 각자 분수에 맞는 인생을 달관(達觀)하여 마음을 편히 가지는 수양을 닦으면 정신적인 행복을 얻어 그것이 때로는 물질적 행운으로 전환되는 수도 있으니 운명을 너그럽게 받아들이는 마음이 필요하다.

81획 [길수] 존영무비격(尊榮無比格)

하늘이 부여한 존귀한 복록이 사회에 이름을 떨치고 만인의 우러름을 받는 부귀영달의 대길수이다. 이 수의 수리는 만난을 초월하고 소기의 목적을 달성하는 행운을 암시하여 소망을 성취 못하는 일이 없다.

다만 운기가 너무 강왕하여 한 걸음 잘못하면 흉운으로 변할 수도 있으니 근신하면서 수양과 덕성을 기르고 얻은 것은 사회에 환

인명용 한자표

(가족관계의 등록 등에 관한 규칙 제37조)

한글	한문 교육용 기초한자 (2007. 8. 현재)	인명용 추가 한자 및 허용 한자	
		별표1	별표2
가	家佳街可歌加價假架暇	嘉嫁稼賈駕伽迦柯呵哥枷珂痂苛茄袈訶跏軻哿斝舸珈枴耞葭謌迦	
각	各角脚閣却覺刻	珏恪殼慤卻咯垍推攪桷	慤(慤)
간	干間看刊肝幹簡姦懇	艮侃杆玕竿揀諫墾柬奸束澗磵稈齦癎忓矸品慳幹秆艮衎赶迂齦	杆(桿) 癎(癇)
갈	渴	葛乫喝曷碣竭褐蝎鞨噶楬秸羯蠍	
감	甘減感敢監鑑	勘堪瞰坎嵌憾戡柑橄疳紺邯龕玪鹼坩坢岾叴惂欲泔淦澉矙憨酣	鑑(鑒)
갑	甲	鉀匣岬胛閘	
강	江降講強康剛鋼綱	杠堈岡姜橿彊慷薑畺糠絳羌腔舡扛薔殭矼降羫罡矼扛疆糨鏹	強(强) 鋼(鏜) 岡(崗) 襁(襁)
개	改皆個開介慨概蓋	价凱愷漑塏愾疥芥豈鎧玠剴匃揩槩硈闓	個(箇) 蓋(盖)
객	客	喀	
갱	更	坑粳羹硜賡鏗	
갹		醵	
거	去巨居車擧距拒據	渠遽鉅炬倨据祛踞鋸駏呿昛秬筥籧肚腒苣莒蕖祛裾	
건	建乾件健	巾虔楗鍵愆腱寒寁寋湕踺捷犍腱褰謇騫	建(建) 乾(漧·亁)
걸	傑乞	桀乭朅榤	傑(杰)
검	儉劍檢	瞼鈐黔撿芡	劍(劒)
겁		劫怯迲刦刼	
게		揭偈憩	
격	格擊激隔	檄膈覡挌毄闃骼鬲鬩	
견	犬見堅肩絹遣牽	鵑甄繭譴狷畎筧縳繾絅羂鰹	
결	決結潔缺	訣抉契焆迼玦鍥鈌閩夬	潔(潔·絜) 鍥(鐣)
겸	兼謙	鎌慊箝鉗嗛傔岒拑歉縑嗛	
경	京景經庚耕敬輕驚慶競竟境鏡頃傾硬警徑卿	倞鯨坰耿炅更梗憬璟瓊擎儆俓涇莖勁逕熲畊竸綆鶊 경(叫) 冏更燗璥暻瓊絅脛頸鶊檠扃倞梗鯁	卿(卿) 冏(囧) 景(暻) 檠(橄) 京(亰) 璟(璄)
계	癸季界計溪鷄系係戒械繼契桂啓階繫	誡堦屆悸棨稽谿堺揆禊瀅縘罽薊雞罊	界(堺) 谿(磎)

한글	한문 교육용 기초한자 (2007. 8. 현재)	인명용 추가 한자 및 허용 한자	
		별표1	별표2
고	占 故 固 苦 高 考 告 枯 姑 庫 孤 鼓 稿 顧	叩 敲 皐 暠 呱 尻 拷 橋 沽 痼 寧 羔 股 膏 尕 菰 藥 蠱 袴 詁 賈 辜 錮 雇 杲 鼓 估 涸 刳 枯 槁 褒 牯 鹽 瞽 鴣 槀 蒿 糕 罟 殺 翶 胯 舳 訝 郜 酤 鈷 靠 鴣	考(攷) 皐(皋)
곡	谷 曲 穀 哭	斛 梏 鵠 嚳 槲 轂 殼 縠	
곤	困 坤	昆 崑 琨 錕 梱 棍 滾 鯤 袞 堃 崐 悃 捆 緄 裍 褌 闇 髡 鵾 鯤 閫	袞(衮)
골	骨	汨 滑 捐 榾 鶻	
공	工 功 空 共 公 孔 供 恭 攻 恐 貢	珙 控 拱 蚣 鞏 壟 倥 崆 栱 箜 蛩 蛬 贛 跫 釭 槓	
곶		串	
과	果 課 科 過 誇 寡	菓 跨 鍋 顆 戈 瓜 侉 堝 夥 夸 撾 猓 稞 窠 蝌 裹 踝 銙 騍	
곽	郭	廓 槨 藿 椁 癨 霍 鞹	
관	官 觀 關 館 管 貫 慣 冠 寬	款 琯 錧 灌 瓘 梡 串 棺 罐 菅 涫 輨 卝 爟 盥 祼 窾 筦 綰 鑵 蕥 顴 髖 鸛	館(舘) 寬(寛)
괄		括 刮 恝 适 佸 栝 筈 聒 髻 鴰	
광	光 廣 鑛 狂	侊 洸 珖 桄 匡 曠 壙 筐 胱 恇 框 爌 獷 磺 絖 纊 茪 誆 誑 洭 砿	廣(広) 光(炛 · 炚)
괘	掛	卦 罫 咼 挂 罣 詿	
괴	塊 愧 怪 壞	乖 傀 拐 槐 魁 媿 廥 瑰 璝 蒯 襘	
괵		馘	
굉		宏 紘 肱 轟 浤 觥 訇 閎	
교	交 校 橋 教 郊 較 巧 矯	僑 喬 嬌 膠 咬 嶠 攪 狡 皎 絞 翹 蕎 蛟 鮫 餃 驕 鮫 姣 佼 嗷 憍 嘺 嚙 撟 晈 暞 權 磽 窖 趫 蹻 鉸 敽 鵁 骹 餃	教(敎)
구	九 口 求 救 究 久 句 舊 其 俱 區 驅 苟 拘 狗 丘 懼 龜 構 球	玖 矩 邱 銶 溝 購 鳩 軀 枸 絿 媾 仇 勾 咎 嘔 坵 寇 嶇 廐 驅 歐 毆 逑 璆 緱 懼 忂 俅 傴 偓 冓 劬 勼 匶 叴 呴 咮 哃 喣 韭 九 坸 婄 媾 嫗 寠 屨 岣 嶇 廏 彄 捄 搆 搇 摳 朹 椇 榘 榫 毆 璆 甌 瘳 癯 癰 盄 絿 耇 覯 訽 謳 逅 遘 釦 韝 鞲 餱 鴝 鷇 鸜 耈	丘(坵) 耈(耆) 廏(廐)
국	國 菊 局	鞠 鞫 麴 菊 匊 掬 跼 麴 趜	國(国)
군	君 郡 軍 群	窘 捃 桾 裙 皸	
굴	屈	窟 堀 掘 倔 崛 淈 詘	
궁	弓 宮 窮	躬 穹 芎 躳	
권	券 權 勸 卷 拳	圈 眷 倦 捲 淃 勌 惓 綣 桊 睠 蜷	權(権)
궐	厥	闕 獗 蕨 蹶	
궤	軌	机 櫃 潰 詭 饋 佹 几 劂 匱 憒 撅 樻 氿 簋 繢 跪 闠 餽 麂	

한글	한문 교육용 기초한자 (2007. 8. 현재)	인명용 추가 한자 및 허용 한자	
		별표1	별표2
귀	貴歸鬼	句晷龜龜	龜(龜)
규	叫規糾	圭奎珪揆逵窺葵槻硅竅赳閨邦燮湀菫煃刲嬀歸暌桂樛潙暌虯跬闚頍頯騤	糾(糺)
균	均菌	畇鈞筠勻龜覠困麇	勻(匀) 龜(龜)
귤		橘	
극	極克劇	剋隙戟棘亟尅屐郤	
근	近勤根斤僅謹	墐漌槿瑾嫤筋劤懃芹菫覲饉芡廑劤跟靳靳菫	
글		契矻	
금	金今禁錦禽琴	衾襟昑妗擒檎芩衿唫噤嶔笒黔	
급	及給急級	汲伋扱圾岌皀礏笈芨	
긍	肯	亘兢矜殑	亘(亙)
기	己記起其期基氣技幾旣紀忌旗欺奇騎寄豈棄祈企譏飢器機	淇琪璂棋祺錤騏麒朞杞埼崎琦綺錡箕岐汽沂圻耆璣磯譏冀驥嗜噐伎夔妓芰畸祁祇羈璣肌饑碁棋嶔沂芺狶猉禨綦綨肵芪芘蘄虁蟣覬跂隑頎馨鯚	棋(碁) 璣(璂)
긴	緊		
길	吉	佶桔姞拮蛣	
김		金	
끽		喫	
나	那	奈柰娜挐儺喇儒拿挐胗挐挪拏梛糯邏樏	
낙	諾		
난	暖難	煖偄椡赧餪	
날		捺捏	
남	南男	楠湳枏喃	
납	納	衲	
낭	娘	曩囊	
내	內乃奈耐	奈奶嬭迺鼐	
녀	女		
녁		惄	

195

한글	한문·교육용 기초한자 (2007. 8. 현재)	인명용 추가 한자 및 허용 한자	
		별표1	별표2
년	年	撚碾	年(秊)
녈		涅	
념	念	恬拈捻	
녑		惗	
녕	寧	獰佞儜嚀濘	寧(甯)
노	怒奴努	弩瑙駑臑呶孥猱獳笯臑	
농	農	膿濃儂噥穠醴	
뇌	腦惱	餒	
노	怒奴努	弩瑙駑臑呶孥猱獳笯臑	
농	農	膿濃儂噥穠醴	
뇌	腦惱	餒	
뇨		尿閙撓嫋嬲淖鐃	
누		耨啂檽	
눈		嫩	
눌		訥呐肭	
뉴		紐鈕杻袦忸	
뉵		衄	
능		菍	
능	能		
니	泥	尼柅濔膩馜怩呢怩祢禰妮	
닉		匿溺	
닐		昵暱	
다	多茶	爹奓槎觰爹鄲韄	多(夛)
단	丹但單短端且段壇檀斷團	緞鍛亶彖湍簞蛋袒鄲燀旦担博椴溥癉崗胆腶蚕	檀(檀)
달	達	撻澾獺疸妲怛闥靼韃	
담	談淡擔	譚膽澹覃啖坍儋曇湛痰聃菼錟潭倓啿埮炎儋啗噉墰壜毯禫罎薝郯黮黵惔緂	
답	答畓踏	沓遝	
당	堂當唐糖黨	塘鐺撞幢戇棠螳倘儻搪檔溏瑭瑭瞠璫蟷福讜鐺餳餹	
대	大代待對帶臺貸隊	代玳袋戴擡旲岱黛貸嚉儓懟汏碓鐓	亝(坮) 擡(抬)
댁		宅	
덕	德		德(悳·惪)

한글	한문 교육용 기초한자 (2007. 8. 현재)	인명용 추가 한자 및 허용 한자	
		별표1	별표2
도	刀到度道島徒圖倒都桃挑跳逃渡陶途稻導盜塗	堵 棹 濤 燾 禱 鍍 蹈 屠 悼 掉 搗 櫂 淘 滔 睹 萄 覩 賭 韜 稌 裪 鋾 夲 梌 叨 壔 弢 忉 慆 掏 搯 擣 檮 洮 涂 蒤 菟 酴 闍 鞀 鞱 饕 暏	島(嶋) 道(衜)
독	讀獨毒督篤	瀆 牘 犢 禿 纛 櫝 黷	
돈	豚敦	墩 惇 暾 燉 頓 旽 沌 焞 弴 潡 躉	
돌	突	乭 咄 堗	
동	同洞童冬東動銅凍	棟 董 潼 垌 瞳 蝀 憧 疼 胴 桐 朣 曈 彤 烔 橦 勭 侗 僮 哃 峒 涷 艟 苳 茼 蕫	同(仝)
두	斗豆頭	杜 枓 兜 痘 竇 荳 讀 逗 阧 抖 斁 肚 脰 蚪 蠹 陡	
둔	鈍屯	遁 臀 芚 遯 窀 迍	
둘		乧	
득	得		
등	等登燈騰	藤 謄 鄧 嶝 橙 凳 墱 滕 磴 籐 縢 螣 鐙	
라	羅	螺 喇 懶 癩 蘿 裸 邏 剆 覶 摞 蓏 鑼 儸 砢 蠃 倮 囉 曪 瘰 騾 羸 纙	
락	落樂絡	珞 酪 烙 駱 洛 貉 犖	
란	卵亂蘭欄	瀾 瓓 丹 欒 鸞 爛 鑾 嬾 幱 攔 灤 襴 闌 爤 欗	
랄		剌 辣 埒 辢	
람	覽濫	嵐 攬 欖 籃 纜 襤 藍 㛦 灆 婪 漤 爁 璼 惏	攬(擥・擥)
랍		拉 臘 蠟 鑞	
랑	浪郞廊	琅 瑯 狼 朗 烺 蜋 㢃 駺 榔 閬 硠 稂 莨 眼 娘	蜋(螂) 郞(郎)
래	來	崍 萊 徠 淶 騋 唻	來(来・逨)
랭	冷		
략	略掠	畧	
량	良兩量涼梁糧諒	亮 倆 樑 粱 輛 駺 俍 喨 悢 踉 魎	糧(粮) 涼(凉)
려	旅麗慮勵	呂 侶 閭 黎 儷 廬 戾 櫚 濾 礪 藜 蠣 驢 驪 囇 儢 厲 唳 梠 癘 糲 膂 臚 蠡 邌 鑢	
력	力歷曆	瀝 礫 轢 靂 攊 櫟 櫪 癧 轣 酈	

한글	한문 교육용 기초한자 (2007. 8. 현재)	인명용 추가 한자 및 허용 한자	
		별표1	별표2
련	連練鍊憐聯戀蓮	煉璉攣漣輦變孿棟涷㦲鏈鰊㬭	
렬	列烈裂劣	洌㤠捩挒颲	
렴	廉	濂㾑斂殮瀲磏	
렵	獵	躐鬣	
령	令領嶺零靈	伶玲姈昤鈴齡柃囹笒羚翎聆逞泠㵖岺呤另欞齡秢笭蛉輪鴒胎柃	岭(岑) 伶(伶)
례	例禮隷	澧醴隸鱧	禮(礼)
로	路露老勞爐	魯盧鷺撈擄櫓潞蘆輅虜嚧虜璐櫨潞涵瓐澇壚潦絽橯牢鸕艪鑪鑪顱髗鱸艣轤艣璷	虜(虜)
록	綠祿錄鹿	彔碌菉麓漉淥簏轆騄	
론	論	倫掄	
롱	弄	瀧瓏籠壠朧礱儱攏曨礱籠隴	
뢰	雷賴	瀨儡牢磊賂耒攋礧磊穎顡儡咅誄酹	賴(頼)
료	料了僚	遼寮廖燎療瞭聊蓼暸嫽撩暸潦獠繚髎膋醪鐐嘹嫽	
룡	龍	甕	龍(竜)
루	屢樓累淚漏	壘婁瘻縷蔞褸鏤陋慺嶁耬熡僂嘍蝼髏漊謱㝻摟	
류	柳留流類	琉劉硫瘤旒榴溜瀏謬橮縲鶹鎏遛鶹	琉(瑠)
륙	六陸	戮勠	
륜	倫輪	侖崙綸淪錀圇掄	崙(崘)
률	律栗率	慄葎稞瑮溧	
륭	隆	癃窿儱	
륵		勒肋泐	
름		凜凛菻澟	凛(凜)
릉	陵	綾菱稜凌楞倰菱	楞(楞)
리	里理利梨李吏離裏履	俚莉璃俐唎浬狸痢籬罹羸釐鯉浰鷟犁摛苅刕嫠莅鸝螭貍邐魑黐漓灕邌	裏(裡) 離(离) 俐(悧) 釐(厘) 犁(犂)
린	鄰	潾璘麟吝燐藺躪鱗撛鏻獜橉舜鄰驎繗嶙恪磷驎躪轔鏻斴閵鱗隣	麟(麐) 鄰(隣)
림	林臨	琳霖淋棽痳啉玪痳	
립	立	笠粒砬岦	
마	馬麻磨	瑪摩瘼碼魔媽劘螞蟇麼	

198

한글	한문 교육용 기초한자 (2007. 8. 현재)	인명용 추가 한자 및 허용 한자	
		별표1	별표2
막	莫幕漠	寞膜邈膜鏌	
만	萬晚滿慢漫	曼蔓鏋卍娩巒彎挽灣瞞輓饅鰻蠻堪嫚幔縵謾蹣鏝鬘	萬(万)
말	末	茉抹抹沫襪靺帕秣	
망	亡忙忘望茫妄罔	網芒輞邙莽惘汒漭魍	芒(茻) 望(朢)
매	每買賣妹梅埋媒	寐昧枚煤罵邁魅苺呆楳沬玫眜莓酶霉	
맥	麥脈	貊陌驀貃貘	
맹	孟猛盟盲	萌氓甍甿虻	
멱		冪覓幎	
면	免勉面眠綿	冕棉沔眄緬麪俛湎緜	麪(麵)
멸	滅	蔑篾衊	
명	名命明鳴銘冥	溟暝椧皿瞑茗蓂螟酩慏洺明鳴	
몌		袂	
모	母毛暮某謀模貌募慕冒侮	摸牟謨姆帽摹牡瑁眸耗芼茅矛橅耄慔侔姥媢姆恈旄兒眊耄蝥蟊鬓	
목	木目牧睦	穆鶩沐苜	
몰	沒	歿	
몽	夢蒙	朦幪懞噋濛澺瞢矇獴雺霿	
묘	卯妙苗廟墓	描錨畝昴杳渺猫森眇藐貓	妙(玅)
무	戊茂武務無舞貿霧	拇珷畝撫懋巫憮楙毋繆蕪誣鵡橅僫憮廡膴鶩坐	無(无)
묵	墨默	嘿	
문	門問聞文	汶炆紋們刎吻紊蚊雯抆悗懣捫璊玧	
물	勿物	沕	
미	米末味美尾迷微眉	渼薇彌嵄媄媚嵋楣湄謎麋黴躾嫐瀰媚娓洣侎瑂敉濔薇嫐亹弭攻糜濔彌縻麋眉蘪	彌(弥)

한글	한문 교육용 기초한자 (2007. 8. 현재)	인명용 추가 한자 및 허용 한자	
		별표1	별표2
민	民敏憫	玫旻旼閔珉岷忞慜敃愍潣啓頣泯 悶緡頢鈱脗閩旼罠琝瑉緜苠繁䪉 眠鍲	珉(瑉·砇·磻) 忞(忞)
밀	密蜜	謐樒滵	
박	泊拍迫朴博薄	珀撲璞鉑舶剝樸箔粕縛膊雹駁乮 欂髆鏄駮髇	
반	反飯半般盤班返叛伴	畔頒潘磐扮搬攀斑槃泮瘢盼磻礬 絆蟠頖攽斒拌擎盻胖頖螌	
발	發拔髮	潑鉢渤勃撥跋醱魃炦浡脖鈸鵓	
방	方房防放訪芳傍妨倣邦	坊彷昉龐榜尨旁枋滂磅紡肪膀舫 旊蚌謗髣仿髈徬搒旊梆膀舽螃鎊 髈魴	幇(拼)
배	拜杯倍培配排輩背	陪裵湃俳徘焙胚褙晒北蓓貝坏扒 琲倍偝	杯(盃) 裵(裹)
백	白百伯	佰帛魄柏苩趏珀	柏(栢)
번	番煩繁飜	蕃幡樊燔磻藩繙膰繁袢	飜(翻)
벌	伐罰	閥筏橃罸	
범	凡犯範	帆机氾范梵汎汛釩渢滼笵訊颿	
법	法	琺	
벽	壁碧	璧闢僻劈擘檗癖霹辟擗甓襞躄鸊 鼊	檗(蘗)
변	變辯辨邊	卞弁便釆忭抃籩胼昪辮駢絣鴘	
별	別	暼鼈瞥馠莂鷩莂勛炦彆	鼈(鱉)
병	丙病兵竝屛	幷倂瓶軿炳柄昞秉餠騈鉼抦絣骿 迸鈵	竝(並) 幷(并) 昞(昺) 柄(棅) 鉼(鉼)
보	保步報普補譜寶	堡甫輔菩潽洑湺褓俌圤脯盙葆寶 鴇黼簠黼娥	寶(宝·珤·琠) 步(歩)
복	福伏服復腹複卜覆	馥鍑僕匐宓茯葍輹輻鰒墣幞扑濮 箙蔔蝠蝮腹	
본	本		

한글	한문 교육용 기초한자 (2007. 8. 현재)	인명용 추가 한자 및 허용 한자	
		별표1	별표2
본		乶	
봉	奉逢峯蜂封鳳	俸捧琫烽棒蓬鋒熢縫逢凡丰夆篷綘莑喬	峯(峰) 漨(漨)
부	夫扶父富部婦否浮付符附府腐負副簿赴賦	孚芙傅溥敷復不俯剖咐埠孵斧缶桴掊桴榑浯玞孵荂罘罙坿茀符部蚨蜉袝裒跗趺頫鮒麩玞	
북	北		
분	分紛粉奔墳憤奮	汾芬盆吩噴忿扮盼焚糞賁雰体岔忿扮棼焚氛溢濆犇畚砏笨肦膹賁頒豶颰	
불	不佛拂	彿弗怫祓紱艴茀紼髴髴	
붕	朋崩	鵬棚硼繃珊髯漰	
비	比非悲飛鼻備批卑婢碑妃肥祕費	庇枇琵扉譬不匕匪憊斐棐毖紕沸泌痺庀緋妣屁庳痺翡俳花苁草霏妣蜚棐羆邲鄙庳埤裨篦紕羆俾蜱狉痺畁嚊邳郫閟鞞騑驊髀鼙盩	祕(秘) 毗(毘)
빈	貧賓頻	彬斌濱嬪穦儐擯儐玭獱蠙霦贇鑌擯顪矉臏蘋蠙嚬殯浜瀕牝邠	彬(份)
빙	氷聘	憑騁凭娉	
사	四巳士仕寺史使舍射謝師死私絲思事司詞蛇捨邪賜斜詐社沙似查寫辭斯祀	泗砂糸紗裟徙奢嗣赦乍些伺僿唆栖梭渣瀉獅祠肆莎簑裟飼駟麝篩傞剚卸咋姒楂榭汜抄皶鯊鮻挱襫覗駛鈔鯊鰤涘禩	
삭	削朔	數索爍鑠搠槊蒴	
산	山産散算	珊傘刪汕疝蒜霰酸産祘愀剷姍狻橵潸澘㦱徹訕鏟篹	
살	殺	薩乷撒煞	
삼	三	參蔘杉衫滲芟森糝釤鬖	
삽		插澁鈒颯卅咂歃翣鍤雴雲	插(挿)

한글	한문·교육용 기초한자 (2007. 8. 현재)	인명용 추가 한자 및 허용 한자	
		별표1	별표2
상	上向常賞 商相霜想 傷喪嘗裳 詳祥象像 床桑狀償	庠湘箱翔爽塽孀岭廂橡艭樣牀恦 潒徜晌殤笥緗鎟頺驤	
새	塞	璽賽鰓愢嘇	
색	色索	嗇穡塞槭濇濏	
생	生	牲牲省笙甥鉎	
서	西序書署 絮徐庶恕 暑緒誓逝	抒舒瑞棲曙壻惲諝墅嶼犀筮絮胥 薯鋤黍鼠黍揟念湑偦稰哯遾噬撕 漵紓勖芧鉏豫孀楈	絮(叙·敍) 棲(栖·捿) 壻(婿) 嶼(㠂) 恕(㤊) 胥(縃) 諝(諿)
서	石夕昔惜 席析釋	碩奭汐淅晳祏鉐錫潟蓆舃鉐襫矽 腊蜥鵙	晳(晰)
선	先仙線鮮 善船選宣 旋禪	扇洉琄愃墡繕琁璿璇筅嬋銑珗 嫙偦敾煽鱓腺銑蟬詵跣鐥洒亘譔 睕瑄洗趰仚歆筅綫譱鐥蠤驒鱓秈 烍暶羨	腺(饍)
설	雪說設舌	薛楔屑泄洩渫褻齧离殼契偰揲媟 撍暬爇碟禊絏枻	离(㒷)
섬		纖暹蟾刻殲贍閃陝孅憸摻睒譫銛 鐵	
섭	涉攝	燮葉樔紗霎躡囁懾灄喦鑷顳	
성	姓性成城 誠盛省聖 聲星	珹娍瑆惺醒宬猩筬腥胜胜成城誠 盛晟睲騂	晟(晠·晠) 聖(聖)
세	世洗稅細 勢歲	貰笹說忕洒涗嫦娷彗帨繐蛻	
소	小少所消 素笑召昭 蘇騷燒訴 掃疏疏	沼炤紹邵韶巢遡柖琋嘛塑宵搔梳 瀟搔篠簫蕭逍銷愫穌卲霄劭衛瑈 愫魈侶嗉埽塐愬樔泝筱簅繰艄 朡螋蛸酥魈魓釗焇	疏(疎) 穌(甦) 霄(霵) 遡(溯) 笑(唉)
속	俗速續束 粟屬	涑謖嗦洬遬	
손	孫損	遜巽飱飧	飱(飡)
솔		率帥乺逹衛窣蟀	
송	松送頌訟 誦	宋淞悚竦憽鬆	

한글	한문 교육용 기초한자 (2007. 8. 위제)	인명용 추가 한자 및 허용 한자	
		별표1	별표2
쇄	刷鎖	殺灑碎曬塡	鎖(鎻)
쇠	衰	釗	
수	水手受授 首守收誰 須雖愁樹 壽數修秀 囚需帥殊 隨輸獸睡 遂垂搜	洙琇銖粹穗繡隋髓袖嗽嫂岫戍漱 燧狩璲瘦綏綬羞菜蒐篠籔邃酬銹 隆鬚鶉晬竪讎睢脺瞍宿汒瑪叟傁 廋晬殳泅漫膄祟籔膵腿髓陲颼饈	壽(寿) 修(脩) 穗(穂) 岫(出) 豎(竪) 讎(讐) 睢(灘) 繡(綉)
숙	叔淑宿孰 熟肅	塾琡璹橚夙潚菽倐俶儵婌驌鷫	
순	順純旬列 循脣瞬巡	洵珣荀筍舜淳焞諄錞醇徇恂栒楯 橓蓴蕣詢馴盾峋姁旬侚盹眴絢肫 駒馞鷻	
술	戌述術	鉥坉絉	
숭	崇	嵩崧菘	
쉬		倅淬焠	
슬		瑟膝璱蝨㻽蟋虱	
습	習拾濕襲	褶慴槢隰	
승	乘承勝昇 僧	永陞繩蠅升塍永塍丞阩曻派	陞(阩)
시	市示是時 詩施試始 矢侍祝	柴恃匙嘶媤尸屎屍弑猜翅蒔著諡 豕豺厮偲媞屣兕媤枾愢禔絁兕毸 岿朇枾時廝㐌啻澌緦翤翅醍鍉題際	枾(柹・柿)
식	食式植識 息飾	拭埴殖湜軾寔拭熄篒蝕媳	
신	身中神臣 信辛新伸 晨愼	紳莘薪迅訊侁呻娠宸燼腎蓋蜃辰 璶哂囟姺汛矧脤贐頣駪桑	
실	失室實	悉蟋	實(実)
심	心甚深尋 審	沁沈瀋芯諶潯燖葚鐔鱏	
십	十	什拾	

203

한글	한문 교육용 기초한자 (2007. 8. 현재)	인명용 추가 한자 및 허용 한자	
		별표1	별표2
쌍	雙		雙(双)
씨	氏		
아	兒我牙芽雅亞餓	娥峨衙婀俄啞莪莪蛾訝鴉鵝阿婀哦砐峨砑婭椏啊妸猗枒丫痾笌迓錏鶩誐	兒(児) 亞(亜) 峨(峩) 婀(娿)
악	惡岳	樂堊嶽幄愕握渥鄂鍔顎鰐齷偓咢喔噩腭咢覨萼鸑鷽	
안	安案顔眼岸雁	晏按鞍鮟鴈姲婩矸侒媕犴銲晏洝	雁(鴈) 案(桉)
알	謁	幹軋斡嘎揠戛訐遏婠噦	
암	暗巖	庵菴唵癌閹唵媕嵒晻腤菴諳頷醃黯	巖(岩)
압	壓押	鴨狎	
앙	仰央殃	鴦快秧昂卬坱盎鞅泱	昂(昻)
애	愛哀涯	厓崖艾埃曖隘靄睚礙娭啀僾唉曖娭崕挨捱欸溰獃皚睚磑璦譪靉駃艾	礙(碍)
액	厄額	液扼掖縊腋呝戹搤阨	
앵		鶯櫻罌鸚嚶甖罃	
야	也夜野耶	冶倻惹椰爺若揶	野(埜) 揶(挪)
약	弱若約藥躍	葯蒻爚禴篛蕅鑰鶸侖	
양	羊洋養揚陽讓壤樣楊	襄孃漾佯恙攘暘瀼煬眻瀁眹暢鑲颺驤椋徉瀁烊癢眻	陽(昜) 揚(敭)
어	魚漁於語御	圄瘀馭敔齬唹衛圉敔淤飫	
억	億憶抑	檍臆繶	
언	言焉	諺彦偃堰嫣傿匽讞鄢鬳鰋喭鶠	彦(彥)
얼		孼蘖蘗枿臬	蘗(蘖)
엄	嚴	奄俺掩儼淹曮崦曭罨醃閹广	嚴(厳)
업	業	業嶪鄴	
에		恚噎	
엔		円	
여	余餘如汝與予輿	歟璵礖艅舉妤念旟仔伽悆	
역	亦易逆譯驛役疫域	晹繹嶧懌淢閾	

한글	한문 교육용 기초한자 (2007. 8. 현재)	인명용 추가 한자 및 허용 한자	
		별표1	별표2
연	然煙研延 燃燕沿鉛 宴軟演緣	衍 淵 姸 娟 涓 沇 筵 瑌 娫 嚥 堧 捐 挻 椽 涎 縯 鳶 硯 曣 燃 醼 兗 嬿 莚 瓀 均 戭 囦 埏 悁 掾 櫞 渷 臙 蜵 蠕 讌	煙(烟) 淵(渊) 兗(兖) 姸(妍) 娟(姢) 軟(輭) 硯(硏)
열	熱悅閱	說 咽 澧 噎	
염	炎染鹽	琰 艶 厭 焰 苒 閻 髥 冉 懕 扊 檿 灩 饜 魘 黶	艶(艷)
엽	葉	燁 曄 熀 曅 爗 靨 枼	
영	永英迎榮 泳詠營影 映	渶 煐 瑛 瑩 瀯 盈 楹 鍈 嬰 穎 瓔 咏 塋 嶸 潁 瀛 纓 霙 嬴 營 蠑 朠 浧 郢 栐 濚 癭 韺 碤 縈 贏 郢 旲 瑛	榮(栄 · 荣) 映(暎) 瀯(濚)
예	藝豫譽銳	叡 預 芮 乂 倪 刈 曳 汭 濊 猊 穢 裔 詣 霓 堄 橤 玴 嫕 蓺 蕊 蘂 艾 埶 羿 瘞 郳 嫛 帠 涗 兒 囈 嫛 拽 掜 枘 獩 睨 瞖 緊 翳 蘙 蚋 蜺 鯢 鷖 麑 梕 医 艾	叡(睿 · 容 · 壡) 藝(埶 · 芸) 蕊(蘂)
오	五吾悟午 誤烏汚嗚 娛傲	伍 吳 旿 珸 晤 奧 俉 塢 墺 寤 惡 懊 敖 熬 澳 獒 筽 蜈 鼇 梧 浯 燠 璈 仵 俣 唔 嗷 噁 圬 嫯 忤 慠 捂 汙 窹 鰲 茣 襖 謷 迃 迕 遨 鏊 鏖 隩 鶩 鼯 扜	鼇(鰲)
옥	玉屋獄	沃 鈺	
온	溫	瑥 媼 穩 瘟 縕 蘊 榲 昷 榲 轀 饂 媪 慍 氳 熅 轀 醞 韞 蕰 僫	穩(稳 · 穏) 昷(昰)
올		兀 杌 嗢 膃	
옹	翁擁	雍 壅 瓮 甕 癰 邕 饔 喁 廱 滃 癕 禺 罋 蓊 雝 顒	
와	瓦臥	渦 窩 窪 蛙 蝸 訛 哇 囮 婐 枙 洼 猧 窊 萵 譌 娃	
완	完緩	玩 垸 浣 莞 琓 琬 婠 婉 宛 梡 椀 碗 翫 脘 腕 豌 阮 頑 妧 岏 鋺 抏 杬 刓 忨 惋 涴 盌 脘	
왈	曰		
왕	王往	旺 汪 枉 瀇 迋	
왜		倭 娃 歪 矮 媧	
외	外畏	嵬 巍 猥 偎 崴 嵗 渨 煨 碨 磈 聵 隗	
요	要腰搖遙 謠	夭 堯 饒 曜 耀 瑤 樂 姚 僥 凹 妖 嶢 拗 擾 橈 燿 窈 窯 繇 繞 蟯 邀 喓 偠 嘌 坳 墝 嬈 幺 徭 徼 殀 滺 祅 穾 窅 蕘 遶 鷂 約	
욕	欲浴慾辱	縟 褥 溽 蓐	

한글	한문 교육용 기초한자 (2007. 8. 현재)	인명용 추가 한자 및 허용 한자	
		별표1	별표2
용	用勇容庸	溶鎔瑢榕蓉涌埇踊鏞茸墉甬俑備遥鐘俗槦宂彧�慵㥏硧舂蛹踴	鎔(熔) 涌(湧) 宂(冗)
우	于宇右牛友雨憂又尤遇羽郵愚偶優	佑祐禹瑀寓堣隅玗釪迂霻旴盂祤俁旴藕虞雩打圩愲惆俣邘猛竇亀優吁嶼廗杅疙旴竽耦褸謣踽鍝庖麚纕齲訧訐优	雨(宋) 宇(㝢)
욱		旭昱煜郁項彧勖栯煀彧馘	馘(稶)
운	云雲運韻	沄澐耘暉奫畽橒殞烟芸蕓隕貟賱員郥頭惲紜賮妘	篔(篑)
울		蔚鬱乭菀艶宛	
웅	雄	熊	
원	元原願遠園怨圓員源援院	袁垣洹沅瑗媛嫄愿苑轅婉湲爰猿阮鴛褑朊杬鋺冤笎邍夗掾援芫薗蜿薳騵鶢蕃瑗遠	冤(寃) 員(貟)
월	月越	鉞刖粤	
위	位危爲偉威胃謂圍衛違委慰僞緯	尉韋瑋暐渭魏萎葦蔚褘衞韡喟幃熨痿葳諉逶闈鍏餧幃煒	
유	由油酉有猶唯遊柔遺幼幽惟維乳儒裕誘愈悠	侑洧宥庾喻兪楡瑜猷濡愉釉牖柚琟紐晭婑囿牖沕鮪顗甤婑腴芺蕤蚴蚰蝓褕黝牖柏洃瘉帷誘游牗蚴蜏蝤褕勠遹鞣鮋燠牖歈	兪(俞) 濡(瀀)
육	肉育	堉毓儥	
윤	閏潤	尹允玧鈗胤阮奫贇昀畇綸沇勻与	閏(閠·閏) 胤(胤)
율		聿燏汩建㵎矞霱噊黼	
융		融戎瀜絨狨	
은	恩銀隱	垠殷闇激珢慇濦億听恩圻蘟檼檃訢慭溵慇圁檼顎漗嶾垠穩言鄞斵	誾(誾)
을	乙	圪釔	
음	音吟飮陰淫	蔭愔馨暗崟廕霪	暗(㗂)
읍	邑泣	揖悒挹浥	
응	應凝	膺鷹鸚	

한글	한문 교육용 기초한자 (2007. 8. 현재)	인명용 추가 한자 및 허용 한자	
		별표1	별표2
응	應凝	膺 鷹 [illegible]	
의	衣依義議 矣醫意宜 儀疑	倚 誼 毅 擬 懿 椅 艤 薏 蟻 妶 猗 儗 凒 劓 嶷 欹 漪 礒 饐 螘	醫(医)
이	二以已耳 而異移夷	珥 伊 易 弛 怡 爾 彝 頤 姨 痍 肄 苡 荑 貽 邇 飴 貳 媐 杝 胹 [illegible] 珆 鴯 羨 巸 佴 廙 咿 尔 栮 洟 訑 迤 隶 駬 貤 薾	彝(彛)
익	益翼	翊 瀷 謚 翌 熤 弋 鷁	
인	人引仁因 忍認寅印 姻	咽 湮 絪 茵 蚓 靭 刃 芢 汈 牣 璌 韌 靷 氤 胭 儿 諲 濥 秵 戭 仞 堙 夤 婣 洇 禋 裀 釰	靭(靱) 靷(鞇) 禋(䄄) 仁(忈·忎)
일	一日逸	溢 鎰 馹 佾 佚 壹 劮 泆 軼 昳	逸(逸)
임	壬任賃	妊 稔 恁 荏 [illegible] [illegible] 紝 衽 銋 飪	妊(姙)
입	入	廿	廿(卄)
잉		剩 仍 孕 芿 媵	
자	子字自者 姊慈玆紫 資姿恣刺	仔 滋 磁 藉 瓷 咨 孜 炙 煮 疵 茨 蔗 諮 雌 秄 褯 呰 嬨 孖 孶 柘 泚 牸 眦 胔 耔 胾 玼 莿 虸 觜 訾 貲 赭 鎡 頿 髭 鮓 鷓 鶿 粢	姊(姉) 玆(兹)
작	作昨酌爵	灼 芍 雀 鵲 勺 嚼 斫 炸 綽 舃 岝 怍 斮 柞 汋 焯 犳 碏	
잔	殘	孱 棧 潺 盞 剗 驏	
잠	潛暫	箴 岑 簪 蠶 涔	潛(潜)
잡	雜	卡 囃 眨 磼 襍	
장	長章場將 壯丈張帳 莊裝奬墻 葬粧掌藏 臟障腸	匠 杖 奘 漳 樟 璋 暲 薔 蔣 仗 檣 欌 漿 狀 獐 臧 贓 醬 傽 妝 嬙 嶂 廧 戕 牂 瘴 糚 [illegible] 萇 鄣 鏘 餦 麞	將(将) 壯(壮) 莊(庄) 墻(牆) 奬(獎)
재	才材財在 栽再哉災 裁載宰	梓 縡 齋 渽 滓 齎 捚 賳 溨 条 崽 扗 榟 灾 纔	哉(㦲)
쟁	爭	錚 箏 諍 崢 猙 琤 鎗	
저	著貯低底 抵	苧 邸 楮 沮 佇 儲 咀 姐 杵 樗 渚 狙 猪 疽 箸 紵 菹 藷 詛 躇 這 雎 齟 宁 岨 杼 柢 氐 潴 瀦 牴 罝 羝 苴 蛆 袛 褚 觝 詆 陼	
적	的赤適敵 滴摘寂籍 賊跡積績	迪 勣 吊 嫡 狄 炙 翟 荻 謫 迹 鏑 笛 蹟 樀 磧 糴 菂 覿 逖 馰	

한글	한문 교육용 기초한자 (2007. 8. 현재)	인명용 추가 한자 및 허용 한자	
		별표1	별표2
적	的赤適敵滴摘寂籍賊跡積績	迪勘吊嫡狄炙翟荻謫迹鏑笛蹟楠磧糴芍覿逖馰	
전	田全典前展戰電錢傳專轉殿	佺栓詮銓瑔甸塡燹荃牷顓篆佃剪塼湔遭 塵悛氈吮嗊塼痊癜磚顚釘 饘餞戩 钿錪鈿 郞錢鈿 瑱屇牋揃栴鄽鐉鷒輾	
절	節絶切折竊	哲截浙癤岊	絶(絕)
점	店占點漸	岾粘霑鮎佔墊站笘簟苫岾砧覘颭黏	點(点·奌)
접	接蝶	摺椄楪蜨跕蹀鰈	
정	丁頂停井正政定貞精情靜淨庭亭訂廷程征整	汀玎町呈桯珽娗婧偵湞幀楨禎珵挺姃酊珽 綎鼎珽晶挺婧胜玎筳莛証醒遉瀞 竀彭埩侹婷怔杸汀疔鋌鉦鋥佂掟	靜(静)
제	弟第祭帝題除諸製提堤制際齊濟	悌梯瑅劑啼臍薺蹄醍霽媞儕徥偙 姼晢娣隮鮆鯷隄	濟(済)
조	兆早造鳥調朝助弔燥操照條潮租組祖	彫措晁窕祚趙肇詔釣曹遭眺俎凋嘲棗槽爪璪皁嘈噪孃徂怊找俎 雕昭嶆挑傮笊鼂糟遭銚鋽鯛鵰稠蜩眺	曹(曺) 棗(枣)
족	足族	簇鏃瘯	
존	存尊	拵	
졸	卒拙	猝	
종	宗種鐘終從縱	倧琮淙悰綜瑽鍾慫腫踵樅柊踪凇 惊椶瘇螽	樅(棕) 踪(踪)
좌	左坐佐座	挫剉痤莝髽	
죄	罪		
주	主注住朱宙走酒晝舟周株州洲柱奏珠鑄	冑湊炷註疇遒遒駐姝澍妹侏做呪 喌廚籌紂紬綢蛛誅珘做鈺拄儔賙 雕邾晭珠蛀衃胕腠蔟蛀黈說晭趉賙 宙幬殊肘霌啁	遒(逎) 湊(湊)
죽	竹	粥	

208

한글	한문 교육용 기초한자 (2007. 8. 현재)	인명용 추가 한자 및 허용 한자	
		별표1	별표2
준	準俊遵	岐浚晙焌埈畯駿准濬雋儁埻隼寯樽蠢逡純俊竴儁陵睃餕逈迻儁懏鐏俊皴壿撙綧縛鱒踆踆駿傷俊	準(准) 溶(容) 陵(埈)
줄		茁荢	
중	中重衆仲	眾	
즉	卽	喞	卽(即)
즐		櫛騭	
즙		汁楫茸檝戢	
증	曾增證憎贈症蒸	烝甑拯繒嶒矰罾	
지	只支枝止之知地指志至紙持池誌智遲	旨沚址祉趾祗芝摯鋕脂咫枳漬砥肢芷蜘識贄洔汦咫馶劧抵坻搘褆舐坻墀楮汦趏砥觗舐踟躓幀阯鮨鷙抵實稆祇	知(𪚔) 智(燴)
직	直職織	稙稷禝	
진	辰眞進盡振鎭陣陳珍震	晉璡瑱津璶秦軫塵禛診縉塡眹溱珒唇嗔搢榑殄畛疹瞋縝臻臻袗昣蓁眕抮槇稹儘靕侲侲聇疹瞋趁賑愼滇誂轃愼	眞(真) 晉(晋) 瑨(璡) 珍(鉁·珎) 盡(尽)
질	質秩疾姪	瓆侄叱嫉帙桎室膣蛭跌迭垤絰蒺郅鑕	
짐		斟朕鴆	
집	集執	什潗輯楫鏶緝昪戢	潗(潗)
징	徵懲	澄澂徵癥瞪	
차	且次此借差	車乂磋侘嗟嵯磋箚茶蹉遮硨皻姹 艖伏岔借槎	
착	着錯捉	搾窄鑿齪戳斲	
천	贊讚	撰纂粲澯燦璨瓚纘鑽竱餐饌攢巑儹篡欑孅劗纂趲撰	贊(賛) 讚(讃) 賛(偖) 纂(篡)
찰	察	札刹擦紮扎	
참	參慘慙	僭塹懺斬站讒讖儳儳嶄慚攙欃槧鑱譖鏨饞驂驂	慙(慚)
창	昌唱窓倉創蒼暢	菖昶彰敞廠倡娼愴槍漲猖瑒脹艙滄淐唱淌倀傖滄刱悵悄蹌搶氅瑲窗踚鋹閶韔鶬	

한글	한문 교육용 기초한자 (2007. 8. 현재)	인명용 추가 한자 및 허용 한자	
		별표1	별표2
채	菜採彩債	采埰寀蔡綵寨砦釵琗責棌婇睬茝祭	
책	責冊策	栅嘖幘磔簀簀蚱	冊(册)
처	妻處	凄悽淒萋覷郪	處(処)
척	尺斥拓戚	陟倜刺剔擲滌瘠脊蹠隻堾慼墌惕捗摭蜴跖躑	墌(坧) 慼(慽)
천	天千川泉淺賤踐遷薦	仟阡喘擅玔穿舛釧闡韆茜俔倩俴僎洊濺祆臶芊荐蕆蒨辿靝	
철	鐵哲徹	撤撤轍綴凸輟悊瞮剟啜埑惙掇瓞銕銕錣惁籑	哲(喆) 鐵(鉄)
첨	尖添	僉瞻沾簽籤詹諂甜幨忝恭檐櫼瀸簷襜	甜(拈)
첩	妾	帖捷堞牒疊睫諜貼輒倢喋呫怗艓	
청	靑淸晴請聽聰	菁鯖淸圊蜻鶄婧	靑(青) 淸(清) 晴(晴) 請(請)
체	體替遞滯逮	締諦切剃涕諟玼棣彘靆砌蒂靆蔕	
초	初草招肖超抄礎秒	樵焦蕉楚剿哨憔梢椒炒硝礁稍苕貂酢醋醮岧釥俏鱸僬偢勦噍嶕嶣怊悄愀杪燋綃稍誚譙趠軺岹鈔鍬鏊鞘顀髫麨鷦鵤妱	草(艸)
촉	促燭觸	囑矗蜀矚爥曯燭躅髑	
촌	寸村	村吋	村(邨)
총	銃總聰	寵叢悤憁摠蔥冢葱蓯鏦聰	聰(聡) 冢(塚) 總(総)
촬		撮	
최	最催	催嶊摧榱漼璀磪縗脧	
추	秋追推抽醜	楸樞鄒錐錘墜椎湫皺芻萩諏趨酋鎚雛騶鰍簉箠縋綞芻陬佗楸騅魋椎鶖鰌鰡	鰍(鰌)
축	丑祝蓄畜築逐縮	軸竺筑蹙妯舳豕踰竈	
춘	春	椿瑃賰	
출	出	朮黜秫	
충	充忠蟲衝	琉沖衷忡	蟲(虫) 沖(冲)
췌		萃悴膵贅惴揣瘁顇	
취	取吹就臭醉趣	翠聚嘴娶炊脆驟鷲橇橇氎	

210

한글	한문 교육용 기초한자 (2007. 8. 현재)	인명용 추가 한자 및 허용 한자	
		별표1	별표2
측	側測	仄惻廁昃	廁(厠)
층	層		
치	治致齒値置恥	熾峙雉馳侈嗤幟梔淄痔癡緇緻崼輜稚卮哆寘畤痓絺菑雊陊鯔鴟鴙鶒	癡(痴) 稚(穉)
칙	則	勅飭敕	
친	親	櫬襯	
칠	七漆	柒	
침	針侵浸寢沈枕	琛砧鍼梣寖忱椹郴鋟駸	
칩		縶	
칭	稱	秤	
쾌	快	夬噲	
타	他打妥墮	咤唾惰拖朶舵陀馱駝橢佗坨拕柁沱詫跎躱駞鴕鼉	橢(楕)
탁	濁托濯卓	度倬琸啅託擢鐸拓啄坼柝琢踔槖拆沰涿矺籜逴	槖(橐)
탄	炭歎彈誕	呑坦灘嘆憚綻暺憻攤殫癱驒	
탈	脫奪	侻	
탐	探貪	耽眈啖忐酖	
탑	塔	榻傝塌搨	
탕	湯	宕帑糖蕩燙盪碭蘯	
태	太泰怠殆態	汰兌台胎邰笞苔跆颱鈦珆鮐脫娧迨埭炱駘漦忕	
택	宅澤擇	垞	
탱		撐撑牚	
터		攄	
토	土吐討	兎	兎(兔)
톤		噋	
통	通統痛	桶慟洞筒恫樋筩	
퇴	退	堆槌腿褪頹隤	

한글	한문 교육용 기초한자 (2007. 8. 현재)	인명용 추가 한자 및 허용 한자	
		별표1	별표2
투	投透鬪	偸套妬妒渝骰	
퉁		佟	
특	特	慝忒	
틈		闖	
파	破波派播 罷頗把	巴芭琶坡杷婆擺爬跛叵妑岥怕灞 爸玻皤岜簸耙菠葩蚆	
판	判板販版	阪坂瓣辦鈑	
팔	八	叭捌扒汃	
패	貝敗	浿佩牌唄悖沛狽稗霸字旆珮霈	霸(覇)
팽		彭澎烹膨砰祊膨蟛	
퍅		愎	
편	片便篇編 遍偏	扁翩鞭騙匾徧楄緶艑蝙褊諞	
폄		貶砭窆	
평	平評	坪枰泙萍怦抨苹萍鮃	
폐	閉肺廢弊 蔽幣	陛吠斃獘敝狴獘嬖	
포	布抱包胞 飽浦捕	葡褒砲鋪佈匍匏咆哺圃怖暴泡抛 脯苞蒲袍逋鮑抛儤庖晡暴炮炰誧 鉋鞄皰鯆	抛(拋)
폭	暴爆幅	曝瀑輻	
표	表票標漂	杓豹彪驃俵剽慓瓢飄飆慓僄勡嘌 嫖摽嘌熛縹裱鰾鑣影驃	飆(飇)
품	品	稟	
풍	風豐	諷馮楓瘋	豐(豊)
피	皮彼疲被 避	披陂詖鞁髲	
픽		腷	
필	必匹筆畢	弼泌珌苾馝鉍佖疋滭篳罼 韠疈蹕韠韡鴄駜	
핍		乏逼偪	
하	下夏賀何 河荷	廈霞瑕蝦遐鰕呀煆碬閜嚇煆謑煆 趹歌抲呵岈懗瘕罅鍜懗	廈(厦) 夏(昰)
학	學鶴	壑虐謔嗃狢瘧嗀确郝鷽	學(学)

한글	한문 교육용 기초한자 (2007. 8. 현재)	인명용 추가 한자 및 허용 한자	
		별표1	별표2
한	閑寒恨限韓漢早汗	澣瀚翰閒悍罕瀾嘾僩嫻橺閞扞忓邗嫻捍暵閈骭鷳骭邯輨	
할	割	轄瞎	
함	咸含陷	函涵艦喊檻緘銜鹹莟菡諴艦闞	銜(啣)
합	合	哈盒蛤閤闔陜匌嗑柙榼溘盍部	
항	恒巷港項抗航	亢沆姮伉杭桁缸肛行降夯炕頏頏	恒(恆)姮(嫦)
해	害海亥解奚該	偕楷諧咳垓孩懈瀣犗蟹邂駭骸咍偕瀣矝咳嶰醢欬獬痎薤醢頦鮭咳絯妎陔	海(海)
핵	核	劾翮覈	
행	行幸	杏倖荇涬悻	
향	向香鄉響享	珦嚮餉饗麕晑薌	
허	虛許	墟噓歔	
헌	軒憲獻	櫶輨憓巾獻幰攇	
헐		歇	
험	險驗	嶮獫玁	
혁	革	赫爀奕焱侐焃赩嚇弈洫閱	
현	現賢玄絃縣懸顯	見峴睍泫炫玹鉉眩昡絢呟倪晛舷衒弦儇譞怰婝鋗琄玹嬛娊炫灦楥駽痃繯翾蜆誢譞鋧	顯(顕)衒(眩)
혈	血穴	孑頁絜趐	
혐	嫌		
협	協脅	俠挾峽浹夾狹莢鋏頰洽匧叶埉恊悏愜篋	脅(脇)
형	兄刑形亨螢衡	型邢珩泂炯瑩澄馨熒滎瀅荊鎣逈佪敻婞詗陘	逈(逈)
혜	惠慧兮	蕙蒵憓惠憓暳蹊醯鞋譓鏸匸肸傒蒵傒槥肹譿橞憓	惠(恵)
호	戶乎呼好虎號湖互胡浩毫豪護	唬皓吳淏濠灝祜琥瑚頀顥扈鎬壕壺覆滸岵狐瓠糊縞胡蒿蝴嘷婋芐犒部熩嫭怙瓳壺儫沍嘑嫮沽嗥皜醐冴呺虍滬滈猢皞皩皜皞滈齱怙吲虖	芐(芦)浩(澔)號(号)
혹	或惑	酷熇	
혼	婚混昏魂	渾琿俒顜圂溷溽焜闛	

한글	한문 교육용 기초한자 (2007. 8. 현재)	인명용 추가 한자 및 허용 한자	
		별표1	별표2
홀	忽	惚 笏 囫	
홍	紅洪弘鴻	泓烘虹鉷哄汞訌哄澒谼閧	
화	火化花貨和話畫華禾禍	嬅樺譁靴澕俰嘩驊龢	畫(畵)
확	確穫擴	廓攫矍穫碻鑊	確(碻)
환	歡患丸換環還	喚奐渙煥皖幻桓鐶驩宦紈鰥闤睆洹寰懽擐瓛睆紈篆幰鋎贙瓓	
활	活	闊滑猾豁蛞	闊(濶)
황	黃皇況荒	凰堭媓晃滉榥煌璜熀幌徨恍惶慌慌湟潢篁簧蝗遑隍楻喤悅瑝肓貺鎤	晃(晄)
회	回會悔懷	廻恢晦檜澮繪獲匯徊淮獪膾茴蛔賄灰佪洄盔詼廻頮鱠	繪(絵) 會(会)
획	獲劃	画嚄	
횡	橫	鐄宖澋鈜鍠	
효	孝效曉	涍爻驍敎哮嚆梟淆肴酵皛歊窙誇傚烋斆婋燆烋姣嘐崤殽餚恔佼	效(効)
후	後厚侯候	后逅吼嗅帿朽煦珝喉堠欻姁芋吽煦厚猴篌翩讙醅候矦	厚(垕)
훈	訓	勳焄熏薰壎燻鑂暈纁煇蘍嚑獯葷	勳(勛·勲) 熏(熏) 壎(塤) 焄(焄)
훌		欻	
훙		薨	
훤		喧暄萱煊愃咺烜諠諼	
훼	毀	喙毁卉檓芔虺	卉(卉)
휘	揮輝	彙徽暉煇諱麾煒撝翬	
휴	休携	烋畦虧庥咻隳髹倠	
휼		恤譎鱊卹遹鷸獝	
흉	凶胸	兇匈洶恟胷	
흑	黑		
흔		欣炘昕痕忻很掀惞釁	

한글	한문 교육용 기초한자 (2007. 8. 현재)	인명용 추가 한자 및 허용 한자	
		별표1	별표2
흘		屹 吃 紇 訖 仡 汔 疙 迄 齕	
흠		欽 欠 歆 鑫 廞	
흡	吸	洽 恰 翕 噏 歙 潝 翖	
흥	興		
희	希 喜 稀 戲	姬 晞 僖 橲 禧 嬉 憙 熹 凞 羲 爔 曦 俙 囍 憘 犧 噫 熙 烯 晛 譆 嬅 咥 唏 嘻 俙 歖 燹 豨 餏 肞	熙(熙 · 凞) 熹(熺) 戲(戱) 姬(姫)
히		屎	
힐		詰 犵 纈 襭 頡 黠	

주: 1. 위 한자는 이 표에 지정된 발음으로만 사용할 수 있다. 그러나 첫소리(初聲)가 "ㄴ" 또는 "ㄹ"인 한자는 각각 소리나는 바에 따라 "ㅇ" 또는 "ㄴ"으로 사용할 수 있다

2. 동자(同字) · 속자(俗字) · 약자(略字)는 별표 2의 ( )내에 기재된 것에 한하여 사용할 수 있다.

3. "示"변과 "礻"변, "⺿"변과 "艹"변은 서로 바꾸어 쓸 수 있다.

　　예 : 福＝福, 蘭＝蘭

(1) 항열자(行列子)

항렬자가 있을 경우에는 관례상 항렬자를 존중해야 하나 글자의 선택에 애로가 있거나 또한 항렬자와 연결되어 성격(成格)된 수리(數理)나 오행(五行)이 불길하면 항렬자에 구애받지 말고 좋은 운격(運格)의 이름자를 임의로 선정하여 호적에 등재하고 통용해도 무방하다.

이때 단 보첩(譜牒)에는 항렬자를 따라 보명(譜名)을 올리고 옆에 관명(官名)은「○○이다」라고 표기를 하면 된다.

(2) 획수의 산정

이름자의 획수 산정은 해자체(楷字體)의 정자로 산정을 한다. 단 표준 자전에 있는 정자의 획수를 보고 점 하나라도 소홀함이 없이 정확히 산정을 해야 한다.

(3) 오격(五格)의 분류

성명의 분류 및 구성란을 참조하여 성명의 오격(五格: 천격, 인격, 지격, 외격, 총격)을 적절하게 배치하고 좋은 운격(運格)으로 성격(成格)이 되도록 구성한 다음 자의(字義)와 자체(字體), 음령(音靈), 음양(陰陽) 등의 구성 및 조화 여부를 대조해 본다.

(4) 오행(五行)과 삼재(三才)배치

성명의 구성에 있어 오행의 배치는 대단히 중요하다. 본문 오행의 배치란을 참조하여 기초, 성공, 내외운과 삼재(三才: 천격, 인격, 지격) 배치 등을 조화되게 적절히 배치하면 일생을 통하여 균등하게 좋은 운으로 영동하고 그 사람의 성불성(成不成)을 좌우하는 후천적 운로에 중대한 작용을 하게 된다.

(5) 수리(數理)의 영동력(靈動力)

각격(各格) 81수의 영동란을 참조하여 길흉과 영동력을 감별해 본다. 다만 과도한 강성운수(强盛運數)는 그 사람의 환경 여하에 따라 간혹 흉조(凶兆)로 작용할 수도 있으니 각자의 환경과 각격의 배합 관계를 잘 살펴서 정한다. 이때 먼저 인격수와 총격수의 길흉을 감별하고 다음 인격 주운의 단수(端數) 성격과 품행 란을 대조해 본다. 특히 총격(總格)의 수리특질(數理特質)과 삼재오행(三才五行)의 특질 등은 그 사람의 품성에 많은 반영을 하고 있으니 종합해서 감별을 해야 한다.

이상과 같이 순서대로 남녀를 구별하여 체질의 강약 등에 주안점을 두고 상호 연결 조절하여 전부가 길격(吉格)으로 구성이 되면 좋은 이름이 되고 또한 반드시 먼 앞날에 좋은 행운이 유도되리라 믿어 의심치 않는다.

2.개명(改名)의 효력(效力)

본시 성명 수리의 영동력(靈動力)은 그 이름을 쓰고, 부르고, 사용하는 데서 영동한다. 그러므로 좋지 못한 흉한 이름은 사용하지 말고 방치하거나 버리고 좋은 이름으로 개명을 하여 사용하게 되면 길운(吉運)이 영동하여 행운(幸運)으로 유도하고 특히 다음과 같은 영험이 발현하게 된다.

- 병약자는 건강한 신체로 변하고,
- 불우한 자는 행복해질 수 있으며,
- 좋은 배우자와 직장을 얻고,
- 가정의 풍파가 없어지면서 부부가 유정해진다.
- 불효자는 변하여 효도를 하고,
- 자녀가 없는 사람은 자녀를 얻을 수 있으며,
- 사업도 순탄하게 성공하고 가운도 융창해진다.
- 흉화를 피하고 행운을 얻게 되며,
- 빈곤하고 단명자도 부귀장수하고,
- 근심과 번민이 변하여 심신이 편안해질 수 있다.

그러나 40대 이후에 본명을 개명하는 것은 필자는 좋게 보지 않는다. 비록 좋은 이름으로 개명이 됐다 하더라도 이름 덕을 보기는 극히 어려우니 아호(雅號)를 지어 보강해 쓰도록 권고를 한다.

3. 상호와 상품명의 선정

각 수리(數理)의 영동(靈動)하는 그 위력은 성명에만 국한하는 것이 아니라 큰 회사에서부터 작은 점포, 각종 상품명에 이르기까지 많은 영향을 주고 있다. 그래서 사업상의 경영, 신용, 발전, 명예 등 대내외의 거래적 측면에서 상호나 상품명의 수리가 암시하는 그 영동력도 경솔히 보아 넘길 수 없다.

상호와 품명의 선정은 성명과는 달리 오격(五格)으로 분류하지 않고 대체적으로 호명(號名)의 의의(意義)와 주부구(主副句) 및 합계수(合計數)의 수리 길흉과 주부구(主副句) 수의 오행상생(五行相生) 관계 등에 중점을 두고 다음과 같이 선명(選名)을 한다.

· 호명(號名)은 일관적이면서 그 의의가 명랑하고 기품이 있어야 한다.
· 문자(文字)의 형체는 가급적 약형(弱形)이나 허형(虛形)의 문자는 쓰지 않는 것이 좋다.
· 호명의 주구(主句)와 부구(副句) 및 합계수(合計數)의 수는 그 수리(數理) 좋은 것으로 선정한다.
· 호명의 음령(音靈) 및 음양의 배치는 상호 조화를 이루도록 선정해야 한다.
· 끝으로 부르기가 좋고 듣기가 좋아야 한다.

(가) 상호예시(商號例示)

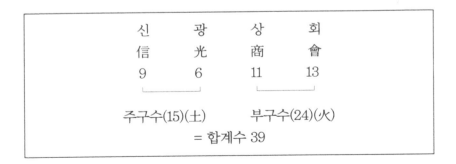

신	광	상	회
信	光	商	會
9	6	11	13

주구수(15)(土)   부구수(24)(火)
= 합계수 39

• 주구(主句) 15수: 순탄하게 자립대성(自立大成)하여 부귀영예(富貴榮譽)를 누리는 길수이고,

• 부구(副句) 24수: 재운이 좋고 집안에 경사가 이어지는 길수이며,

• 합계(合計) 39수: 입신양명(立身揚名)하고 부귀와 영화를 누리는 최상의 길수이다.

• 오행(五行): 화생토(火生土)되어 부구수(副句數) 4, 화(火)가 주구수(主句數) 5, 토(土)를 생조(生助)하여 길격이다.

• 의의(意義): 신광(信光), 믿음이 빛나는 상회라 안전성과 기품이 있고 부르고 듣기에도 매우 좋다.

(나) 상품명(商品名) 예시

샘	표	간	장
8	7	4	6 = 합계수 25

품명은 합계수의 수리 길흉에 중점을 두고 선명을 한다.

• 합계 25수: 영예(榮譽)와 재록(財祿)을 겸비하여 안전성이 있고, 대업을 성취하는 대길의 수이다.

• 의의(意義): 샘물처럼 끊임없이 솟아나는 영원성(永遠性)을 지니고 또한 듣기에 명랑하고 부르기도 좋아서 친근감을 준다.

끝으로 좋은 이름과 상호는 일생을 영화롭게 행운으로 유도하는

후천운(後天運)을 조성하고 개척하는 데 영묘(靈妙)한 작용을 하게
되어 모두가 함께 좋은 이름을 가려서 빛나는 행운의 길로 이끌어
가기를 바라는 마음 간절하다.

◈ 편 저 ◈
정 용 빈

행복한 이름 짓는 기술
명복 상의산 점술학 총서
당사주 총람
핵일명감

◈ 감 수 ◈
양 실

동아문화센터(동아일보사) 역학 풍수강의
서원대학교 평생교육원 역학 풍수강의
월간조선(2013 11 인터뷰)작명에도 흐름있다.
jtbc(꿀단지22회 촬영상태에서)일란성
쌍둥(국가대표체육인)대면 운명감정
장편소설
1. 파도가 할퀴고 간 상처를 안고.
2. 나는 로맨스를 즐기고 있는거야.
현재 정우역학작명원 운영
e-mail : yangsil57@naver.com
연락처 : 010-5257-8708

내 아이의 행복을 위한 이름짓기
- 가족 관계법에 따른 작명·개명

2022년 10월 15일 인쇄
2022년 10월 20일 발행

편 저 정용빈
감 수 양 실
발행인 김현호
발행처 법문북스(일문판)
공급처 법률미디어

주소 서울 구로구 경인로 54길4(구로동 636-62)
전화 02)2636-2911~2, 팩스 02)2636-3012
홈페이지 www.lawb.co.kr

등록일자 1979년 8월 27일
등록번호 제5-22호

ISBN 979-11-92369-43-3(13180)

정가 28,000원

▌역자와의 협약으로 인지는 생략합니다.
▌파본은 교환해 드립니다.
▌이 책의 내용을 무단으로 전재 또는 복제할 경우 저작권법 제136조에 의해 5년 이하의 징역 또는
5,000만원 이하의 벌금에 처하거나 이를 병과할 수 있습니다.

법률서적 명리학서적 외국어서적 서예·한방서적 등

최고의 인터넷 서점으로

각종 명품서적만을 제공합니다

각종 명품서적과 신간서적도 보시고

법률 · 한방 · 서예 등 정보도

얻으실 수 있는

핵심법률서적 종합 사이트

www.lawb.co.kr

(모든 신간서적 특별공급)

대표전화 (02) 2636 - 2911